DESIGN DE APLICATIVOS

Leandro da Conceição Cardoso

intersaberes

Rua Clara Vendramin, 58 . Mossunguê . CEP 81200-170 . Curitiba . PR . Brasil
Fone: (41) 2106-4170 . www.intersaberes.com . editora@intersaberes.com

Conselho editorial
Dr. Ivo José Both (presidente)
Dr. Alexandre Coutinho Pagliarini
Dr.ª Elena Godoy
Dr. Neri dos Santos
Dr. Ulf Gregor Baranow

Editora-chefe
Lindsay Azambuja

Gerente editorial
Ariadne Nunes Wenger

Assistente editorial
Daniela Viroli Pereira Pinto

Edição de texto
Larissa Carolina de Andrade
Letra & Língua Ltda

Capa
Luana Machado Amaro (design)
tanyabosyk/Shutterstock (imagem)

Projeto gráfico
Bruno Palma e Silva

Diagramação
Jakline Dall Pozzo dos Santos

Equipe de design
Charles L. da Silva
Luana Machado Amaro

Iconografia
Regina Claudia Cruz Prestes

Dados Internacionais de Catalogação na Publicação (CIP)
(Câmara Brasileira do Livro, SP, Brasil)

Cardoso, Leandro da Conceição
  Design de aplicativos/Leandro da Conceição Cardoso. Curitiba: InterSaberes, 2022.
    Bibliografia
    ISBN 978-65-5517-423-6

  1. Android (Recurso eletrônico) 2. Aplicativos – Software – Desenvolvimento 3. Computação móvel – Programação 4. iOS (Recurso eletrônico) 5. Sistemas de comunicação sem fio 6. Software de aplicação – Desenvolvimento I. Título.

21-80338   CDD-005.26

Índices para catálogo sistemático:

1. Design: Desenvolvimento de aplicativos para dispositivos móveis: Programa de computador 005.26

Cibele Maria Dias – Bibliotecária – CRB-8/9427

1ª edição, 2022.

Foi feito o depósito legal.

Informamos que é de inteira responsabilidade do autor a emissão de conceitos.

Nenhuma parte desta publicação poderá ser reproduzida por qualquer meio ou forma sem a prévia autorização da Editora InterSaberes.

A violação dos direitos autorais é crime estabelecido na Lei n. 9.610/1998 e punido pelo art. 184 do Código Penal.

sumário

Apresentação 8

1 **Introdução ao design de aplicativos** 14
  1.1 Design de interface: aspectos conceituais 18
  1.2 Fundamentos da criação de design de aplicativos 23
  1.3 Design de aplicativos para interfaces mobile 28
  1.4 Plataformas de construção de aplicativos mobile 33

2 **Fundamentação e contexto histórico do design e do uso em aplicativos** 46
  2.1 Referência à arte e ao contexto histórico do design 49
  2.2 Semiótica 53
  2.3 Fundamentos de Gestalt no design de aplicativos 61
  2.4 Técnicas de percepção visual no design de aplicativos 64

3 **Princípios do design e sua aplicação no design de aplicativos** 78
  3.1 Técnicas de composição no design de aplicativos 83
  3.2 *Mobile first* 91
  3.3 *Design thinking* 97
  3.4 Importância das imagens no design de aplicativos 102
  3.5 Planejamento de design de aplicativos 107

4   **Design de aplicativos para Android e iOS** 112
   4.1   Padronização do design de aplicativos 116
   4.2   Distribuição de jogos para Android e iOS 121
   4.3   Desempenho e tamanhos de tela de aplicativos e games mobile 135

5   **Interface e experiência do usuário** 146
   5.1   Evolução das interfaces 148
   5.2   Modelos conceituais e metáforas de interface 155
   5.3   Diretrizes para o design de interface 158
   5.4   *User Experience* (UX) e *User Interface* (UI) 161
   5.5   Formatação de interface para aplicativos desenvolvidos em HTML5 164

6   **Usabilidade, gestão e desenvolvimento de projetos** 184
   6.1   Usabilidade nos aplicativos desenvolvidos em HTML5 186
   6.2   Roteiro de projeto de design para aplicativos 190
   6.3   Gestão de projeto de design de aplicativos 195
   6.4   Design de interfaces para aplicativos de games 200
   6.5   Estratégias de pós-lançamento de um aplicativo 208

Considerações finais 212
Referências 216
Sobre o autor 224

Apresentação

Atualmente, os aplicativos estão nas mãos de praticamente todas as pessoas. No Brasil, algumas marcas ainda comercializam telefones celulares que apenas efetuam ligações, enviam e recebem SMS (*short message service*, ou serviço de mensagens curtas), mas, nos últimos anos, eles têm se tornado *smartphones* cada vez mais inteligentes, pois, além das funções básicas, dispõem de outros recursos mais avançados. Não é necessária uma pesquisa minuciosa para observar quantas ligações as pessoas fazem por dia por meio do sistema de telefonia, não incluindo as ligações efetuadas por outros aplicativos, basta que olhemos ao redor para nossos pares. Os celulares estão deixando de executar sua função nativa: efetuar e receber chamadas telefônicas. Muitas pessoas realizam ligações em formato tradicional, via rede de telefonia, somente quando não têm acesso à internet (rede de banda larga ou móvel).

Os *smartphones* permitem instalar aplicativos que facilitam a comunicação diária, e quem utiliza tais recursos é comumente denominado *usuário*. Esses aplicativos são popularmente conhecidos como *apps*, e, em certos casos, substituem até as funções nativas do próprio celular, como trocas de mensagens simultâneas entre um ou mais usuários por textos, áudios, vídeos e ligação de voz.

Os aplicativos de trocas de mensagens são apenas um dos milhares de exemplos de apps que podem ser instalados em *smartphones* e *tablets* para uso corporativo, assistencial, governamental, entretenimento ou lazer, sem esquecer, ainda, dos aplicativos de games. Contudo, viabilizar o uso dessa tecnologia exige um estudo sobre a criação de aplicativos, desde seus aspectos mais técnicos até os mais práticos, sendo fundamental, para tanto, conhecer sobre o design de aplicativos, campo que se preocupa em encontrar soluções de interface para os dispositivos móveis. O entendimento do design de aplicativo também depende de uma contextualização histórica do design e do uso em apps, para que, posteriormente, seja possível aplicar adequadamente os princípios do design no design de aplicativos, além, claro, da necessidade de conhecer seus sistemas operacionais, como Android e iOS.

Esses e outros assuntos serão abordados ao longo dos seis capítulos deste livro. Trataremos de conceitos como interface e experiência do usuário – *User Interface* (UI) e *User Experience* (UX), respectivamente; questões de usabilidade e gestão; e desenvolvimento de projetos. Além disso, apresentaremos algumas plataformas e exemplos a fim de que o conhecimento seja posto em prática. Incentivamos que você, leitor, aprofunde seus estudos sobre o tema e elabore conosco seu primeiro design de aplicativos.

Bons estudos!

everything possible/Shutterstock

CAPÍTULO 1

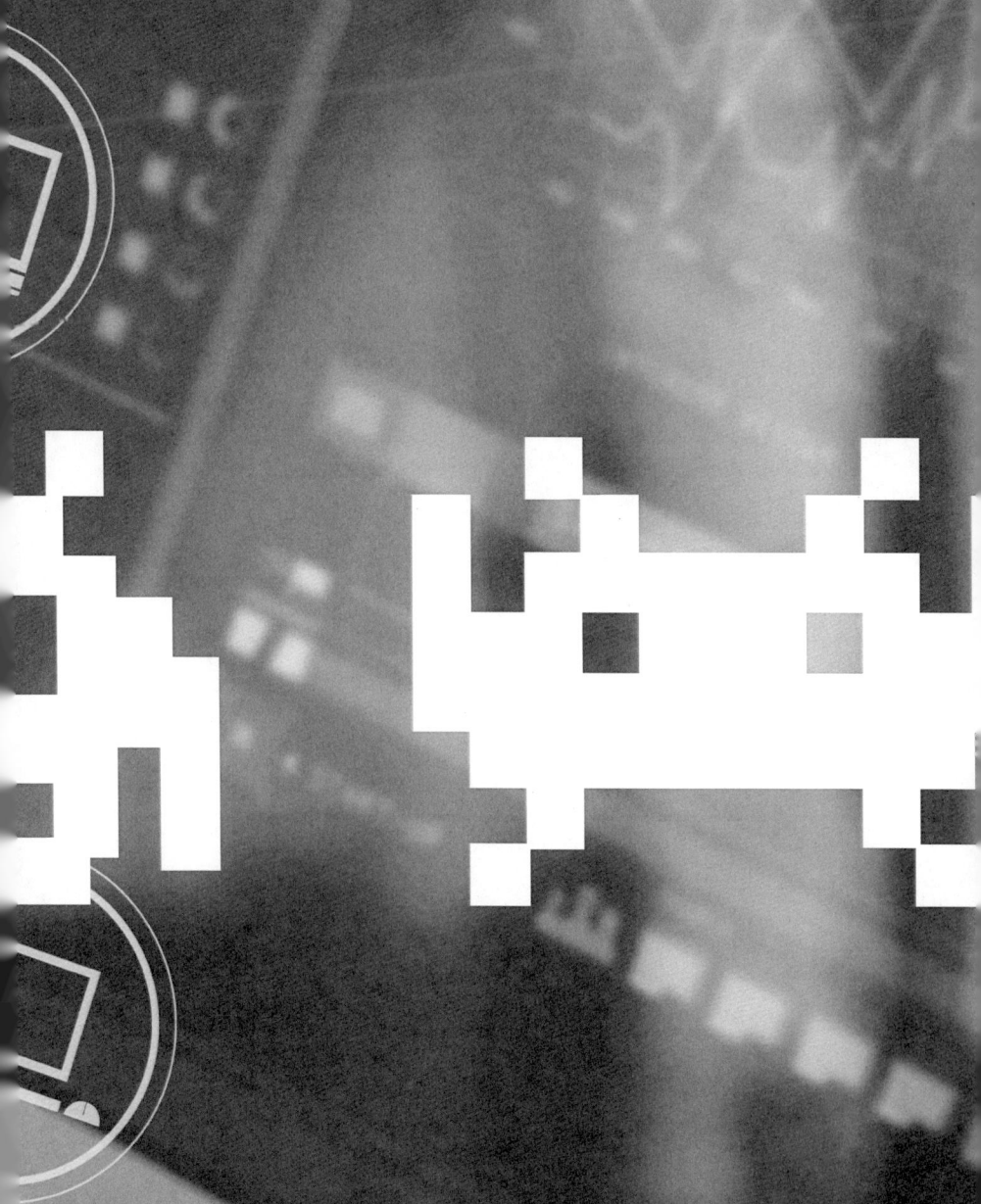

INTRODUÇÃO AO DESIGN DE APLICATIVOS

Os aplicativos instalados nas interfaces para mobile, como *smartphones* e *tablets*, acompanham o dia a dia dos usuários e são utilizados em situações e em locais diversos com o objetivo de atender às diferentes necessidades, de trabalho ou lazer. Os apps são *softwares* – ou seja, programas com inúmeras funções e muitos recursos – que conseguem desempenhar atividades das mais simples às mais complexas.

Os games correspondem a apps que apresentam designs de interface específicos para o mobile em que desempenham suas funções. É necessário que esse *design* seja de fácil compreensão para os usuários. Para Yang, Zheng e Ni (2007, p. 494, tradução nossa)

> O paradigma do design de aplicativos para *smartphones* não difere do paradigma de aplicações *desktop*, mas tem alguns requisitos inerentes que o separam do desenvolvimento de aplicativos para dispositivos móveis comuns. Em primeiro lugar, as restrições de *hardware* de um *smartphone*, como velocidade do processador, capacidade de armazenamento, bateria e conexão sem fio, afetam significativamente os princípios do design de aplicações. Em segundo, o método de entrada de um *smartphone*, um teclado de celular com teclas de navegação adicionais ou um teclado virtual força os desenvolvedores de aplicativos a prestarem mais atenção à interface gráfica do usuário [GUI, do inglês *Grafic User Interface*] de aplicativos para *smartphone* do que à GUI de aplicações *desktop*. Em terceiro lugar, o custo do serviço de dados sem fio continua sendo um fator importante para a adoção em massa da tecnologia *smartphone*, se comparado ao custo de serviços de internet fixa. Além disso, a aplicação deve ser facilmente "transportada" para várias plataformas de *hardware*, usando diferentes arquiteturas de processador e de periféricos.

Compreender os conceitos que facilitam o entendimento operacional de um *software* para dispositivos móveis e para *desktops* é parte relevante do processo de criação do design de aplicativos, pois sua complexidade é bem similar à do design de game, por exemplo. Para isso, conhecer a origem dos fundamentos do design é um passo essencial, visto que constituem referências úteis para o desenvolvimento de quaisquer projetos.

Em meados do século XIX e início do século XX, surgiram movimentos artísticos que moldaram o design da maneira como o conhecemos atualmente, como *Arts and Crafts* (1850) na Inglaterra vitoriana; *Art Nouveau* (1885) na França; *Jugendstil* (1890) na Alemanha; e *De Stijl* (1917) na Holanda (Machado; Delmonego, 2004; Batista, 2008). Tais movimentos artísticos ressignificaram as formas tradicionais da arte, estendendo-se para outros âmbitos da vida funcional e prática, como arquitetura, design de edifícios, móveis, objetos de decoração, moda, joias, entre outros. A aquisição de bens era facilitada pela mudança de vida ocasionada pela industrialização. Nesse momento, a comunicação de tendências entre os movimentos artísticos era bastante evidente. Destacavam-se a aplicação de cores fortes e elementos visuais decorativos que tinham a fauna e a flora como referências, os quais foram empregados em vários games. A tecnologia também começava a despontar e explorava o uso de novos materiais, cores e texturas nos objetos, que, com os recursos da produção industrial, passaram a ser fabricados em grande escala. O design de aplicativos acompanhou esses avanços tecnológicos.

Até chegar ao design de aplicativos para mobile, o campo do design foi alvo de processos de evolução e segmentação nas seguintes áreas:

- **Design digital**: direcionado às mídias digitais; nele são desenvolvidos ambientes e interfaces, logo, o design de aplicativos se encaixa nessa segmentação.
- **Design gráfico**: orientado pela busca de soluções no âmbito da mídia impressa.
- **Design de interiores**: direcionado à decoração de ambientes, com o objetivo de estabelecer combinações harmônicas entre os objetos de um espaço.
- **Design de games**: voltado para o desenvolvimento de soluções para personagens e cenários de um game, bem como para a imersão de seus jogadores (ou seja, é uma área específica do design de interfaces para mobile).
- **Design de produto**: direcionado a produtos e objetos com o intuito de otimizar a estética visual, a funcionalidade, a praticidade etc.
- **Web design**: orientado à criação de interfaces visualizadas em sites, lojas virtuais, *blogs* etc.

Assim, o design de aplicativos é o resultado de alguns conceitos dessas várias segmentações do design. Alguns estudiosos apresentam outras categorizações, mas, para além disso, o importante é conhecer a origem, os conceitos e as teorias do design, porque, como defendemos, na história há referências que podem ser utilizadas em diferentes projetos, inclusive no design de interfaces mobile.

Uma das funções do design sempre foi a de organizar informações. No design de aplicativos, o conceito de organização precisa ser seriamente pautado, sobretudo pela quantidade de informações que um app pode disponibilizar a seus usuários. É preciso pensar que a função dos dispositivos móveis ultrapassa a ação de telefonar/enviar mensagens. Alguns usuários permanecem ativos quase o tempo todo em redes sociais e em aplicativos de trocas de mensagens, podendo produzir e compartilhar conteúdos, fotografar, navegar na web, interagir e jogar games *on-line*, individual ou conjuntamente, entre outras ações.

Desse modo, enquanto usa seu *smartphone*, o usuário pode abrir vários aplicativos e, até mesmo, alternar entre eles. Logo, o design de aplicativos deve considerar que, na maioria das vezes, o usuário não se concentra em apenas um aplicativo.

1.1 Design de interface: aspectos conceituais

O conceito de interface analisa a comunicação por meio da interação entre o ser humano e o computador. O avanço das tecnologias trouxe outras possibilidades para o design de aplicativos, fomentando a evolução das interfaces digitais nas quais foram integrados aspectos cognitivos e emocionais do usuário, que ocorrem durante a interação entre o ser humano e o computador. Levy (1993, p. 181) descreve interface como "uma superfície de contato, de tradução, de articulação entre dois espaços, duas espécies, duas ordens de realidade diferentes: de um código para outro, do analógico para o digital, do mecânico para o humano".

Nos projetos de design de aplicativos, a interface representa uma série de particularidades sobre como os dispositivos móveis interagem e se comunicam com os usuários, cuja composição abrange um conjunto de elementos que "tornam possível ao usuário ver, ouvir e interagir com as informações" (Batista, 2008, p. 45). De acordo com Batista (2008), uma interface é composta por quatro tipos de elementos:

1. não textuais;
2. interativos;
3. *layout;* e
4. interpretáveis pelos navegadores.

Por sua vez, Luesch-Reis (1991, p. 26) define que "o Design de Interface é responsável por propiciar ao usuário a capacidade de visualizar uma informação, ou seja, transpô-la para suportes físicos de modo a facilitar o seu entendimento e assimilação". Durante o desenvolvimento de uma interface, Rogers, Sharp e Preece (2005) apontam para a importância de três pontos-chave facilmente aplicáveis ao design de aplicativos:

1. **Formato e densidade informacional**: ponto relacionado à quantidade de informação que determinado usuário é capaz de traduzir com base em suas limitações cognitivas.
2. **Localização dessa informação na interface**: ponto responsável pela escolha do melhor local para localizar cada componente da interface.
3. **Modo de interação com o usuário**: ponto que diz respeito à interação ser humano-máquina, aos *feedbacks* do sistema perante as ações do usuário e à fácil compreensão da lógica do sistema e da interação humano-humano, proporcionando a comunicação com outros usuários.

Umas das principais características dos projetos de design de aplicativos é a **interatividade**. Quanto a esse aspecto, Rogers, Sharp e Preece (2005, p. 17) sugerem quatro princípios complementares:

1. **Tarefas e metas dos usuários:** são a força subjacente ao desenvolvimento; esse princípio ressalta que o foco do planejamento das interfaces do material digital deve estar no perfil do usuário e nas experiências que terá a partir da sua interatividade com o material digital.

2. **Comportamento do usuário e contexto de uso:** os usuários são estudados, e o sistema é projetado para fornecer-lhes suporte, carecendo não apenas de tomar conhecimento das tarefas e das metas dos usuários, como, também, de entender como costumam agir para realizá-las.

3. **As características dos usuários são capturadas para o design atendê-las:** os seres humanos são propensos a cometer erros e possuem certas limitações cognitivas e físicas. Logo, o material digital deve levar essa realidade em consideração, de modo a auxiliar na diminuição desses possíveis erros e limitações humanas.

4. **Os usuários são consultados durante o desenvolvimento, desde as primeiras fases até as últimas, e sua contribuição é seriamente levada em consideração:** independentemente do nível de envolvimento do usuário no desenvolvimento do material digital, é importante considerar a sua opinião em relação ao uso do referido material.

É importante considerar as funções essenciais da interface no design de aplicativos: compreender e atender às necessidades e às expectativas dos usuários. Portanto, trata-se, em primeiro lugar, de primar pela satisfação do cliente ao interagir com um game, por exemplo.

Cybis, Betiol e Faust (2010) consideram que, no desenvolvimento do design da interface de aplicativos, além dos fatores de utilidade, disponibilidade e custo, o principal elemento responsável por assegurar a satisfação do usuário que utiliza um dispositivo mobile é sua interface. Empregada no design de aplicativos, a interface deve considerar os parâmetros mais importantes do projeto, a fim de que o app e os serviços disponíveis atendam às necessidades dos usuários da forma mais rápida e mais eficaz possível. Alguns autores relacionam os conceitos do design de aplicativos aos padrões de design pertinentes à navegação nos dispositivos móveis, que são, segundo Neil (2012), *springboard* (trampolim), menu de listas, menu de abas, *dashboard* (painéis de instrumentos), metáfora e megamenu. A seguir, vejamos cada um desses padrões de design.

- ***Springboard* (trampolim) ou *launchpad* (plataforma de lançamento)**: opera bem em diferentes dispositivos, pois não depende de sistema operacional. Caracteriza-se por uma página inicial de opções de menu que representa um ponto de partida para o aplicativo.
- **Menu de lista**: pode ser considerado um ponto de partida para a localização das funções do aplicativo. Os menus de lista são úteis para títulos longos e para os que requerem subtexto. As três categorias de listas comumente utilizadas são: (1) personalizadas, (2) agrupadas e (3) avançadas.
- **Menu de abas**: na navegação por abas, o que determinada o design é o sistema operacional do dispositivo. Cada sistema tem um design exclusivo de abas, e a programação deve ser feita de maneira personalizada para cada marca. A rolagem horizontal das

abas inferiores fornece mais opções sem necessitar de mais telas ou da manipulação com o polegar. Abas superiores costumam ser mais familiares, já que lembram a navegação em websites.

- **Dashboard (painéis de instrumentos)**: exibem um resumo de parâmetros de desempenho. Cada métrica pode ser examinada para que informações adicionais sejam verificadas. Esse padrão de navegação é aproveitável em aplicativos financeiros, em ferramentas analíticas e em aplicativos de vendas e de *marketing*.
- **Metáfora**: caracteriza-se por aplicativos que ajudam os usuários a catalogar e a categorizar itens, como uma biblioteca de músicas.
- **Megamenu**: semelhantemente ao megamenu da web, o megamenu móvel consiste em um grande painel sobreposto com formatação e agrupamento personalizados das opções de menu.

Depois de definir alguns padrões de design, o diagrama de navegação é outro elemento importante, pois serve para apresentar, de modo visual, a forma como o usuário navega de uma tela para outra no aplicativo. Além disso, é fundamental criar um protótipo, que nada mais é do que uma versão desenvolvida com base em especificações preliminares, que tem como intuito simular as funcionalidades e a aparência visual de um aplicativo. Segundo Santos (2006), por meio do protótipo, usuários e desenvolvedores podem interagir, avaliando, alterando e aprovando as características da interface e da funcionalidade da aplicação.

Um protótipo pode ser classificado de acordo com o grau de similaridade com a interface final do produto. Conforme essas características, pode ser de baixa fidelidade e de alta fidelidade, sendo este mais similar ao produto final. Leone, Gillihan e Rauch (2000) e Moffatt et al. (2021) apontam, ainda, a noção de *protótipos de média fidelidade*, agregando vantagens dos protótipos de baixa e alta fidelidade. Um protótipo de média fidelidade, segundo Moffatt et al. (2021), consiste em uma implementação computadorizada com funcionalidade limitada, contendo apenas as funções essenciais para avaliar alguns cenários específicos.

1.2 Fundamentos da criação de design de aplicativos

Para criar aplicativos, é preciso pensar na mecânica funcional e na linguagem de programação, a fim de evitar o travamento dos diversos dispositivos nos quais serão executados. Ainda, eles precisam ser de fácil navegação, preocupação latente do design do aplicativo, que, além de melhorar a usabilidade, agrega diversos valores ao app de forma a destacá-lo de seus concorrentes. Para tanto, é preciso planejar os elementos que compõem o design do aplicativo nos mínimos detalhes.

A escolha correta da tipografia deve considerar boa legibilidade das informações textuais e, se possível, famílias de fontes que conversem com a identidade visual do produto, do serviço ou do game que o aplicativo representa. As fotografias, as imagens, as composições visuais e as ilustrações precisam ter boa resolução para que não fiquem distorcidas, bem como ser adaptadas para os diferentes dispositivos. Esses elementos de tipografia e informações textuais e visuais devem ser organizados de modo coerente e atraente na interface dos usuários, visando chamar e prender a atenção pelo maior tempo possível.

No design de aplicativos, é importante salientar que o desenvolvedor precisa se colocar na posição de usuário, sendo fundamental explorar o perfil, o nível de conhecimento sobre as tecnologias dos dispositivos e o que um aplicativo pode proporcionar. No momento da criação do design de aplicativo, é imprescindível pensar nas possibilidades de customização para melhor adaptá-lo ao usuário, não o contrário. Esse aspecto melhora a experiência e a satisfação dos usuários do app. Ainda, cabe considerar a composição das cores de fundo, as tipografias e o uso corriqueiro desses aplicativos em ambientes diferentes, internos ou externos. Imaginemos um jogo com letras brancas e com fundo claro sendo visualizado à luz do sol, seria praticamente impossível reconhecer as informações ali dispostas. Embora os próprios dispositivos móveis tenham controle automático de brilho e de contraste das telas, todos esses aspectos técnicos são relevantes para o planejamento e o desenvolvimento do design de aplicativos.

O design de aplicativos precisa atender às particularidades de cada sistema operacional e verificar se é necessário elaborar adaptações de suas funcionalidades. Nos projetos, os designers trabalham em conjunto com os profissionais de programação, com o intuito de aprimorar a experiência dos usuários quanto aos tamanhos, às cores e às adaptações das imagens para cada dispositivo móvel. É imprescindível, portanto, conhecer as cores e manter a identidade visual da empresa, do produto e do serviço que o aplicativo representa, escolhendo a composição e as tonalidades ideais. Mesmo que haja inúmeras possibilidades de uso de cores, é esssencial que exista harmonia com o tema do aplicativo.

A manutenção da identidade visual no tocante às cores depende de uma consulta ao manual da marca da empresa e um estudo das características do aplicativo. Caso esse manual não exista, a referência inicial é o logotipo. No caso de aplicativos corporativos, é primordial analisar as cores utilizadas pela entidade e, se conveniente, criar uma paleta com essa referência. Para cada tipo de design de aplicativo, há uma solução ideal de cores. O contraste, nesse sentido, é um aspecto bastante importante, pois permite destacar e organizar elementos--chave. Para aplicativos corporativos, é possível por exemplo, aplicar uma tonalidade suave e contrastá-la com outros tons mais escuros, utilizando as próprias cores da marca. O essencial é testar as opções e verificar quais se adequam melhor ao objetivo do aplicativo. A simplicidade, em muitos casos, é a solução, uma vez que evita a poluição visual e, consequentemente, favorece a visualização dos elementos na interface.

A composição das cores tem a função de organizar e hierarquizar os elementos. Para destacar uma função, um botão ou um texto, por exemplo, podem ser aplicadas cores com tonalidades chamativas, como laranja, vermelho e roxo. Além de se pensar na aplicação das cores, os elementos também têm de estar dispostos no lugar correto, de modo a direcionar o olhar do usuário, que, normalmente, fixa sua atenção nos tons mais fortes, para, depois, observar os mais claros. A escolha das cores deve ser ajustada aos objetivos que se deseja alcançar. O laranja e o vermelho, por exemplo, correspondem a cores quentes e incentivam ações; por isso, muitas vezes, são aplicadas aos botões de aplicativos e games. Uma vez que o usuário pode ser orientado pelas cores, recomenda-se que as informações sejam semelhantes, ou seja, que em um mesmo contexto haja coerência por meio da adoção de um padrão linear de cores.

Os ícones dos aplicativos auxiliam igualmente os usuários a navegar, visto que várias ações podem ser motivadas por meio de imagens e ícones. No entanto, é preciso ter cuidado ao selecionar ícones que possam ser compreendidos pelo público-alvo. O ícone representativo de um disquete indica o salvamento de um arquivo, mas, para a maioria dos jovens nativos digitais, pode prejudicar a assimilação intuitiva, já que, para eles, os *pendrives* cumprem essa função (salvar). No caso de pessoas ainda mais novas, o armazenamento é feito em nuvens.

Na criação de ícones, é preciso trabalhar com aspectos técnicos dos sistemas operacionais, tendo em vista que, no iOS e no Android, há somente a identificação de toques na tela no tamanho mínimo de 48 × 48 *pixels*. Dessa maneira, até o tamanho do dedo que toca a tela não pode ser desprezado. Seguindo esses parâmetros e analisando o tamanho médio dos dedos, é indicado o uso de ícones com 72 *pixels*, quando tocados com os polegares, e de 57 *pixels*, quando tocados com os dedos indicadores. Tais parâmetros evitam cliques acidentais e melhoram a usabilidade e a experiência do aplicativo. Ainda, é importante verificar as diretrizes nos canais oficiais de cada sistema operacional e as atualizações de parâmetros, pois as tecnologias dos dispositivos avançam sempre e rapidamente. Portanto, os avanços tecnológicos devem ser empregados como benefícios.

O local em que é posicionado o menu no design de aplicativos facilita a vida do usuário, por isso o tamanho do dispositivo é um fator relevante. Nos *tablets*, por exemplo, a tela é maior e, em alguns casos, o menu pode ficar sempre aberto, diferentemente de quando é visualizado em um *smartphone*, cuja tela é menor. Considerando que a maioria da população é destra, esse aspecto também tem de ser ponderado. Normalmente, os menus são organizados no lado direito, o que facilita o deslizamento dos dedos para acessá-los. Os menus na parte superior são largamente empregados, uma vez que se trata de um lugar de destaque. Vale ressaltar: mesmo que, em um aplicativo, tudo possa ser personalizado, é importante manter a familiaridade com padrões de interação, porque mudanças drásticas podem aumentar a dificuldade de compreensão durante o uso do aplicativo. No caso de desenvolvimento de games, as interações-padrão podem ser utilizadas para executar ações em jogos – ou seja, a depender do objetivo, devem ser analisados os recursos disponíveis.

Ao contrário de outros projetos, como o desenvolvimento de websites, plataformas e portais, os aplicativos executam tarefas específicas. Dessa forma, é crucial planejar que, com até três toques, o usuário alcance o objetivo esperado. Os aplicativos, nesse sentido, para os dispositivos móveis, devem ser claramente concisos, pois serão visualizados em telas pequenas. Para tanto, uma aliada é a ferramenta de busca, uma vez que evita que o usuário perca tempo com a localização de alguma função, propiciando mais praticidade. Diferenciar o texto dos *hiperlinks* também é algo essencial. Por isso, como nos padrões de sites da web, é preciso esclarecer se determinado texto pode direcionar o usuário para outra página, na qual ele encontra mais informações e detalhes, ou se é apenas um texto sem esse recurso.

Os aplicativos podem ser totalmente personalizados por uma equipe de designers e de programadores, mas, ao mesmo tempo, há ferramentas que facilitam o processo de desenvolvimento. Normalmente, essas plataformas vêm com um sistema de gestão integrado com o qual é possível obter informações de vários pontos do aplicativo, como número de acessos; telas que são mais acessadas; informações de comerciais de *marketing*; banco de dados de clientes; número de vendas etc. Com esse sistema, é possível gerenciar o envio de notificações para os usuários, informando-lhes atualizações do aplicativo, cupons de ofertas, novidades e outras informações que promovam o aplicativo e sua atratividade para os usuários.

1.3 Design de aplicativos para interfaces mobile

A combinação da infraestrutura de comunicação sem fio e dos dispositivos de computação portáteis lançaram as bases para um novo paradigma de computação, a chamada *computação mobile*, que permite aos usuários, enquanto estão em movimento, acessar informações e colaborar com outras pessoas (Blair, 1998). Forman e Zahorjan (1994) definem a computação mobile como uma tecnologia que permite o acesso a recursos digitais a qualquer momento e de qualquer localização, eliminando as restrições de tempo e lugar impostas pelos computadores *desktops* e pelas redes com fio.

No entanto, no design de aplicativos para interfaces mobile, cabe considerar as limitações desses dispositivos, pois, mesmo com todos os avanços dos dispositivos mobile, existem, de certa forma, limitações de memória, processamento, resolução e tamanho de telas, principalmente no que tange à operação de games. Esse, vale adiantar, é um desafio que os profissionais de design de games enfrentam no desenvolvimento de novos aplicativos, uma vez que devem criar interfaces que organizem toda a complexidade do aplicativo e que, ao mesmo tempo, atendam às restrições dos dispositivos, como consumo de bateria, tamanho de tela e infraestrutura de rede de internet, por exemplo.

Lee e Chuvyrov (2012) apontam as seguintes características dos dispositivos móveis:

- **Portabilidade**: são facilmente transportáveis; os fatores que podem afetar essa característica são o tamanho e o peso do dispositivo e de seus acessórios.
- **Usabilidade**: concerne à facilidade de uso do dispositivo, considerando-se particularidades dos usuários.
- **Funcionalidade**: característica que divide os dispositivos em duas categorias: (1) os que funcionam de maneira dependente, cuja existência consiste na necessidade de conexão com outro sistema ou usuário; e (2) os que funcionam de maneira independente, sem a necessidade de nenhum tipo de interação.
- **Conectividade**: os dispositivos móveis devem conectar-se às redes, aos sistemas e/ou às pessoas.

Os profissionais que atuam na área de design de interfaces para mobile devem dominar essas características a fim de desenvolver interfaces que dialoguem harmoniosamente com os dispositivos usados para operar os apps.

1.3.1 Tipos de aplicativos mobile

De acordo com Giessmann, Stanoevska-Slabeva e Visser (2012), o ano de 2007 marcou o lançamento do primeiro *iPhone* e o surgimento da segunda geração de aplicativos mobile embasada em um ecossistema que trouxe mudanças consideráveis na forma como eles são produzidos, distribuídos e consumidos. Assim, os sistemas operacionais passaram a contar com lojas virtuais de aplicativos. No sistema Android (Google), existe a Google Play, ao passo que, no iOS (Apple), a Play Store. A principal função dessas lojas é atuar como canais de distribuição de aplicativos corporativos; nelas estão contidas, portanto, grandes possibilidades de desenvolvimento de design.

Segundo Stanoevska-Slabeva e Wozniak (2010, p. 5, tradução nossa), os aplicativos apresentam as seguintes similaridades:

1. são acessados por meio da internet, e a distribuição das aplicações móveis é realizada por meio de um aplicativo pré-instalado no dispositivo móvel;
2. todos os mercados de aplicativos móveis permitem aos desenvolvedores oferecerem aplicações gratuitas e pagas;
3. uma vez que um desenvolvedor vende uma aplicação móvel, normalmente a loja de aplicativos móveis recebe uma parte da receita.

Os aplicativos corporativos são fundamentados no desenvolvimento de *softwares* executados em *tablets* e em *smartphones* – ou seja, que podem ser instalados em dispositivos mobile –, com o objetivo de disponibilizar informações à base de dados dos sistemas de informação corporativos. Se analisados dessa forma, os aplicativos corporativos são similares aos de games, principalmente aos que utilizam bancos de dados dos jogadores e interações *on-line*, visto que ambos são acessados a partir da empresa desenvolvedora do game.

McAfee (2006) define *aplicações corporativas* como o tipo de aplicação de tecnologia da informação (TI) que as empresas adotam para reestruturar as interações entre grupos de empregados e/ou parceiros de negócios. Considerando a relevância dos apps corporativos, em entrevista realizada por Giessmann, Stanoevska-Slabeva e Visser (2012) com seis especialistas, todos afirmaram que o desenvolvimento das aplicações no contexto corporativo agrega valor à empresa, por aumentar a produtividade e/ou reduzir custos. Dessa forma, *smartphones* e *tablets* tornam o acesso às informações mais fácil e ágil, fator competitivo no mercado empresarial e na elaboração de um design bem desenvolvido e cômodo para os usuários. Igualmente, esse elemento pode ser aplicado ao design de interfaces para mobile – à interface de um game, por exemplo.

É importante considerar que, conforme apontam Giessmann, Stanoevska-Slabeva e Visser (2012), o potencial das aplicações móveis corporativas está no suporte ao cliente – isto é, nas aplicações de serviços e vendas. São exemplos os apps de reservas de voos; os apps de serviços de *check-in*; os diversos apps de *delivery*, pelos quais é possível acompanhar e consultar entregas; e os apps de vendas e lojas virtuais. Esses aplicativos podem ser categorizados como B2C (*Business-to-consumer*), cujo principal objetivo é integrar o consumidor às informações disponíveis à empresa.

O design, como sabemos, deve ser desenvolvido de acordo com cada tipo de aplicativo. Giessmann, Stanoevska-Slabeva e Visser (2012, p. 48, tradução nossa) classificam-nos em:

1. **Grupo de destino do aplicativo**: essa classificação se divide em B2C e B2B (*business-to-business*). Os aplicativos B2B têm como objetivo facilitar o acesso às informações entre empresas e organizações. Já os aplicativos B2C facilitam o acesso às informações das empresas pelos clientes.

2. **Área funcional**: essa área se divide em aplicativos de dados, de colaboração e de serviços de comunicação (*chat, e-mail*, conexões remotas); e em serviços de informação e produtividade (CRM, Escritório e ERP);

3. **Conectividade**: há três formas de conectividade nos aplicativos móveis: (1) *standalone*, (2) clientes inteligentes e (3) clientes magros. Os aplicativos *standalone* não necessitam de nenhuma conexão para prover todas as suas funcionalidades, ao passo que os clientes inteligentes, embora possam operar, apresentam funcionalidades que dependem de conexão com um sistema de informação. Já os clientes magros funcionam somente conectados a um sistema de informação.

4. **Núcleo de negócio da aplicação provedora:** essa classificação se refere ao sistema de informação provedor de dados para a aplicação móvel e se divide em aplicações corporativas, aplicações móveis, entre outras.

Vejamos, no Quadro 1.1, exemplos práticos de design de aplicativos com relação às suas caraterísticas intrínsecas, quais sejam, os apps do Banco do Brasil e do Google Drive, que estão disponíveis nas principais lojas de aplicativos, como a Play Store e a Google Play.

Quadro 1.1 – **Classificações de aplicativos**

Aplicativo	Banco do Brasil	Google Drive
Grupo de destino	B2B	B2B
Preço	gratuito	gratuito
Área funcional	serviços de informação	produtividade/escritório
Conectividade	cliente magro	cliente inteligente
Núcleo de negócio da provedora	aplicação corporativa	aplicação corporativa

Seguindo esse esquema de classificação e a fim de que os aplicativos sejam disponibilizados nas lojas, é importante que o design considere cinco características principais:

1. grupo destinatário;
2. preço;
3. área funcional;
4. conectividade; e
5. núcleo de negócio da aplicação provedora.

Cabe ressaltar que tais classificações se dirigem aos aplicativos corporativos, não aos de entretenimento e lazer – grupo no qual estão incluídos os aplicativos para games.

1.4 Plataformas de construção de aplicativos mobile

No processo de desenvolvimento de aplicativos que utilizam programação própria e/ou plataformas de desenvolvimento, denominadas *construtores de aplicativos*, é importante alinhar o design à identidade visual da marca e/ou do game representados. Caso a empresa e/ou o game não tenham um manual de identidade visual, faz-se necessário empregar todas as referências disponíveis, como a marca em si, os cartões de visitas, o papel timbrado, a tipografia e as cores da comunicação visual. No caso de aplicativos, pode ser utilizado o *model sheet,* que é o estudo de personagens do game que visa facilitar a padronização da aparência, das roupas etc. e enfatizar seus gestos e suas atitudes. Para aplicativos corporativos, o site da empresa é uma grande referência, devendo-se analisar todas as informações disponíveis. Mas, lembre-se: um aplicativo não é um site, pois, como o nome indica, trata-se de uma aplicação com função própria, e não simplesmente de outra versão de um site já existente.

Os desenvolvedores oferecem inúmeros *template*s, que são a base para o desenvolvimento dos aplicativos. Em alguns casos, eles são quase totalmente personalizáveis, razão pela qual é imprescindível escolher qual deles mais se adapta ao design esperado pelo cliente. Os *templates* são ferramentas que facilitam a construção do design de aplicativos, pois não exigem conhecimentos de programação, assim os designers podem preocupar-se apenas com aspectos atrelados à personalização. Portanto, a escolha de um *template* é o ponto de partida para a personalização e a execução de ajustes no aplicativo, até que se alcance o design pretendido. O passo seguinte corresponde à escolha do modo de navegação, de acordo com o conteúdo a ser disponibilizado no app. Por exemplo, caso seja um aplicativo de notícias, deve-se selecionar um menu de navegação com grande quantidade de seções a fim de que uma ampla gama de conteúdos seja coberta.

Ao se utilizar construtores ou programação própria no desenvolvimento de design de aplicativos, é fundamental preocupar-se com o *header,* local de aplicação da marca da empresa, do produto, do serviço e do game que o aplicativo representa, sendo, por isso, importante consultar, caso exista, o manual de identidade da marca a fim de conhecer as variações horizontais e verticais do logotipo. Para as marcas que apresentam apenas versões verticais, é necessário verificar se o logotipo não ocupa muito espaço no *header.* Caso não seja possível adaptar a marca ao tamanho do *header,* é preciso buscar outra saída, mantendo, sempre, a identidade visual da marca e a proporção ideal para que a imagem não fique distorcida. Uma solução pode ser apenas escrever o nome da marca em um espaço menor da interface. O *header*, cabe salientar, é a primeira informação que o usuário do aplicativo observa. Dessa maneira, o design precisa ser bem planejado para se tornar mais um fator atrativo.

Embora os construtores sejam baseados em *templates*, nem todas as telas do aplicativo precisam ter, necessariamente, a mesma estrutura. A maioria dos construtores permite mais de um *template* em um mesmo projeto, assim, é importante adaptá-los às seções do app, destacando o conteúdo corretamente. Uma seção com textos longos, por exemplo, pode tonar a tela cansativa, por isso, sempre que possível, recomenda-se inserir vídeos e fotos, recursos que geram mais impacto e podem ser facilmente harmonizados com os elementos textuais de uma interface. Mas, cuidado: fotos e vídeos não devem ser meramente ilustrativos e, ainda, precisam garantir uma boa resolução.

Conteúdos com grande apelo visual – isto é, que contenham imagens, fotografias e vídeos – exigem uma atenção maior na escolha de *templates*. No caso específico de vídeos, é aconselhável incluir bibliotecas que possibilitem ao usuário assistir a um vídeo posteriormente. Além disso, recomenda-se inserir as opções de compartilhar, comentar, curtir etc. com as quais os usuários já têm familiaridade nas redes sociais. Todavia, no uso de recursos de aplicativos que servem de referência, como as redes sociais, é importante ter o cuidado de não infringir direitos autorais e não cometer plágio, uma vez que, embora uma ideia possa motivar outra, a cópia do design é uma prática ilegal.

A tela de lançamento ou ícone – na qual, geralmente, são utilizados os logotipos da empresa, do produto e dos serviços que o aplicativo representa – é a imagem exibida enquanto o conteúdo do aplicativo carrega, correspondendo, portanto, às primeiras informações exibidas ao usuário em seu acesso ao aplicativo. Logo, percebe-se a importância de planejar o design, independentemente da utilização de um *template* de construtores e/ou do desenvolvimento com programação própria. Nesse quesito, é necessário planejar e estar atento às dimensões específicas e às limitações do desenvolvimento do logotipo e da tela, pois, para transmitir informação de maneira rápida, é preciso criar algo claro e simples. Tanto o ícone quanto a tela de lançamento têm especificações técnicas relacionadas ao tamanho e à resolução para cada sistema operacional, sendo necessário, assim, consultar essas informações nos sites oficiais. Alguns construtores já informam os tamanhos e as resoluções que devem ser inseridas no sistema para que não aconteçam distorções.

Portanto, é fundamental modernizar o aplicativo periodicamente. Além de enfatizar novos recursos, o departamento de *marketing* pode usar o lançamento de novas funcionalidades como estratégia para surpreender os usuários e, assim, agregar mais valor ao aplicativo por meio do design.

1.4.1 Plataformas e tecnologias de design de interfaces para mobile

O design de um aplicativo deve ser pensado de modo a propiciar uma melhor adaptação às características das plataformas e das tecnologias e, sempre que possível, deve ser desenvolvido, exclusivamente, para cada dispositivo e sistema operacional em que será executado.

As principais plataformas mobile são os sistemas operacionais iOS e Android, cujas tecnologias são *JQuery Mobile* e *PhoneGap*. O sistema operacional Android é desenvolvido pela empresa Google. Seu código, baseado no kernel do Linux, é aberto e está em constante evolução, figurando como um grande facilitador para o design de aplicativos. O sistema operacional iOS, por sua vez, pertence a Apple, tem código fechado e é executado apenas nos dispositivos da marca, como *iPads* e *iPhones*. A primeira aparição desse sistema operacional foi em 2007, com o lançamento do primeiro *iPhone*, considerado um marco na forma como os aplicativos mobile são criados e comercializados. Os apps desenvolvidos para a plataforma iOS são escritos em linguagem de programação *Objective-C* e utilizam a biblioteca *Cocoa Touch* (Apple, 2021).

A linguagem *Objective-C* e o iOS têm evoluído no decorrer dos anos para outras tecnologias, como o *JQuery Mobile*, cujo design de aplicativos é embasado no HTML5. O intuito é que os apps sejam visualizados em todos os dispositivos mobile, independentemente da plataforma em que são executados. Assim, em vez de escrever aplicativos exclusivos para cada dispositivo mobile e para cada sistema operacional, o *JQuery* permite criar aplicativos altamente responsivos, que funcionam em todas as plataformas de *smartphones*, *tablets* e *desktops*.

Outra tecnologia encontrada nos aplicativos móveis é a *PhoneGap*. Trata-se de um *framework* de código aberto que fomenta a criação de aplicativos mobile a partir de tecnologias web: HTML5, CSS e *Javascript* (Phonegap, 2020). Para entender melhor o conceito de *framework*, é preciso considerá-lo um *template* – ou seja, um modelo de documento que oferece várias utilidades ao desenvolvedor de aplicativos. Isso facilita o trabalho do designer, pois ele não precisa dispor de tempo para reproduzir a mesma função em diferentes projetos. Logo, o *template* funciona como um esqueleto, uma plataforma de criação com uma estrutura pronta, com guias, ferramentas e componentes auxiliares. A utilização de *frameworks* resulta, desse modo, na redução de custos e no aumento da produtividade.

Além das plataformas, o design de aplicativos deve considerar, ainda, características que Smutny (2012, p. 654, tradução nossa) classifica como aspectos nativos e híbridos:

> **Nativos**: aplicativos móveis rápidos e confiáveis ligados a uma plataforma móvel. Isso significa que o desenvolvedor deve duplicá-los usando a linguagem de programação adequada, caso queira disponibilizá-los em outra plataforma móvel. Por exemplo, caso um aplicativo desenvolvido nativamente para Android seja disponibilizado para iOS, deverá ser desenvolvido utilizando a linguagem *Objective-C*.
>
> **Híbridos**: aplicativos desenvolvidos com o uso de *frameworks* que se comprometem em garantir a compatibilidade entre plataformas de dispositivos móveis diferentes, permitindo o acesso ao *hardware* (câmera, GPS e NFC). Por exemplo, um aplicativo móvel desenvolvido com o *PhoneGap* para iOS pode ser reutilizado para a plataforma Android.

Os *frameworks* dispõem de outros recursos, como grupos de bibliotecas que possibilitam aos criadores executar alterações de operações de significativo volume com maior agilidade e em curto espaço de tempo. Facilitam, também, a reescrita de códigos, possibilitando ao desenvolvedor preocupar-se apenas com a validação de campos e com a conexão com bancos de dados.

1.4.2 Atributos dos construtores de design de aplicativos

Atualmente, há inúmeras plataformas de desenvolvimento de aplicativos que exigem uma preocupação mais específica com seu objeto do que com a programação. Por isso, é preciso encontrar a ferramenta mais adequada para cada projeto, o que leva tempo. Existe uma grande variedade de construtores de aplicativos, e algumas plataformas já se especializaram em certos segmentos. Cabe, portanto, identificar as opções e analisar a qualidade do design e da personalização. Questões como a simplicidade do uso da plataforma, as opções de gerenciamento e a obtenção de dados estatísticos do uso do aplicativo também devem ser ponderadas na escolha de um construtor.

Embora os construtores sejam embasados em *templates*, quanto mais possibilidades de personalização um aplicativo permite, mais chances existem de que se alcance o design esperado. A edição dos *template*s, dos modos de navegação, da tipografia, das fontes e das cores de cada seção é o cenário ideal. Como o público-alvo principal dos construtores não é formado por profissionais da área da programação, a operação da plataforma deve ser simples e intuitiva, obediente à noção de "faça você mesmo" – tradução da expressão inglesa *do it yourself* (DIY). Assim, o uso deve ser facilitado até para quem não detém conhecimento de design e programação. É interessante que a plataforma consiga identificar e apresentar eventuais erros.

O sistema de gerenciamento de conteúdo (CMS) deve ser de fácil utilização e permitir que o conteúdo do aplicativo seja atualizado de modo simples, por intermédio de dispositivos móveis, não apenas de *desktops*, devendo também ser integrado com as redes sociais. No CMS, a inserção de conteúdo – como a criação de textos e artigos e o envio de fotografias, vídeos e anúncios de eventos – deve ser executada de maneira rápida e prática. Isso vale, da mesma forma, para alteração, correção e inserção de opções que possibilitam definir se um conteúdo estará público ou disponível apenas para assinantes. É preciso certificar-se de que o construtor apresenta a opção de escolher quais textos, imagens, eventos e conteúdos podem ser compartilhados e quais serão exclusivos do app.

Para que o aplicativo seja colaborativo, é importante que os usuários possam sugerir e enviar recomendações. As notificações *push* são recursos bastante relevantes e devem ser analisados durante a escolha do construtor de aplicativo. Esse tipo de notificação tem grande utilidade na comunicação com os usuários, por ser uma forma de enviar informações diretamente à tela dos dispositivos móveis. Além desse tipo de recurso, é fundamental verificar se o construtor de aplicativos disponibiliza outros recursos, como o agendamento do envio de notificações e a configuração do envio de notificação apenas para determinado público. Pelo envio de *pushs*, podem ser enviadas, por exemplo, informações de promoções, atualizações dos aplicativos, cupons de desconto e notícias, conforme o objetivo e o perfil do projeto. Ainda, é necessário verificar se há filtros – geolocalização, idioma, país, fuso horário – para programar as notificações do *push*, utilizando, para tanto, a base de dados.

As plataformas de desenvolvimento, normalmente, criam designs de aplicativos para os sistemas operacionais Android, iOS e web HTML5. O mais comum é utilizar apps que sejam nativos de cada plataforma, pois eles permitem o uso de recursos do *smartphone* que aumentam as possibilidades de interatividade. Além disso, esses aplicativos são mais velozes e garantem mais fluidez, o que proporciona melhor experiência para os usuários. A grande vantagem de aplicativos web desenvolvidos em HTML5 não é a linguagem de programação da plataforma nativa, mas sua compatibilidade com todos os dispositivos móveis.

Além das ferramentas de design de aplicativos, as plataformas de desenvolvimento têm de apresentar recursos de gerenciamento que permitam acompanhar as estatísticas de modo a identificar, por exemplo, quais são as telas mais visitadas pelos usuários (preferência) e a origem das visitas, o que otimiza o trabalho dos departamentos de *marketing*, principalmente no caso de aplicativos corporativos. Por meio das informações de geolocalização (país, estado, cidade, bairro), idioma e tipo de dispositivo utilizado para acessar o app, é possível desenvolver designs exclusivos para os usuários. Alguns aplicativos podem ser integrados com serviços externos, como o Google Analytics e o Flurry, sendo este uma plataforma específica de análise de métricas e estatísticas de aplicativos móveis encontrada tanto na Google Play quanto na Apple Store.

Algumas plataformas disponibilizam meios de monetizar o aplicativo, ou seja, de obter lucro, independentemente de ser gratuito ou pago. Uma das opções mais tradicionais de monetização é a inserção de publicidade por intermédio de *banners*, que podem ser estáticos ou animados, e de vídeos. Esse é um fator a ser considerado no momento da escolha, pois existem construtores de aplicativos que não cobram por sua utilização, recebendo receita em cima da porcentagem dos *banners* veiculados nos apps.

Além de todos os aspectos mencionados até aqui, a escolha do construtor de design de aplicativos e de games depende, igualmente, da relação custo-benefício. Há casos em que o investimento é menor, mas poucos recursos estão disponíveis. Algumas plataformas permitem testes gratuitos. Por isso, sempre que possível, recomenda-se experimentar o construtor antes de contratar seu serviço. Para profissionais iniciantes, é aconselhável utilizar os períodos de teste para conhecer as ferramentas disponibilizadas em diferentes construtores. Nesse processo, todos os pontos discutidos até aqui devem ser analisados. Além disso, esse é o momento de conferir, minuciosamente, os termos de contrato da plataforma de desenvolvimento de design de aplicativos, pois existem casos em que a publicação dos aplicativos receberá o nome das plataformas, não o do desenvolvedor.

Os construtores de aplicativos, normalmente, oferecem planos mensais, semestrais e anuais. É importante verificar qual plano apresenta o melhor custo-benefício e atende às necessidades do projeto, de acordo com o volume de aplicativos desenvolvido. Atenção aos planos com custo menor nos quais está inclusa a veiculação de publicidade obrigatória, pois, em alguns casos, pode até ser veiculada publicidade dos concorrentes. Dependendo do tipo de aplicativo, embora seja uma fonte de monetização, a publicidade pode ser um ponto negativo, afastando os usuários.

Com isso, as plataformas e os construtores de aplicativos devem facilitar o desenvolvimento do design, tornando-o simples, disponibilizando ferramentas que possam ser compreendidas por profissionais tanto experientes quanto iniciantes. Ainda, é preciso verificar se essas plataformas permitem que recursos de fontes externas insiram informações nos aplicativos – como redes sociais ou *blogs* –, pois algumas restringem informações de fora de sua rede. Mesmo que a operação dos aplicativos seja bem intuitiva, é essencial que sejam fornecidos manuais, guias, tutoriais e suporte técnico para auxiliar em configurações específicas. O acesso a essas informações deve ser fácil, de modo a otimizar o tempo de desenvolvimento. Os construtores podem, também, sugerir dicas, novas tecnologias e tendências a serem aplicadas ao design de aplicativos, tornando sempre modernos e atuais os recursos e as soluções disponíveis no mercado. Nesse sentido, algumas plataformas fornecem ajuda *on-line* e serviços de primeiros passos, apresentando os principais recursos de seu sistema e detalhando as seções e suas funcionalidades.

Em suma, é fundamental que os profissionais de design de aplicativos se mantenham atualizados com relação à tecnologia dos dispositivos mobile, como *tablets* e *smartphones*, e às modernizações dos principais sistemas operacionais. Além disso, devem estar atentos ao funcionamento das lojas desses sistemas operacionais, Apple Store e Google Play, por exemplo, visto que o design de aplicativos deve seguir todos os parâmetros técnicos dos sistemas operacionais e das lojas de aplicativos e, ao mesmo, mostrar séria preocupação com a experiência eficaz de seus usuários.

PureSolution/Shutterstock

CAPÍTULO 2

FUNDAMENTAÇÃO E CONTEXTO HISTÓRICO DO DESIGN E DO USO EM APLICATIVOS

O design de aplicativos não é apenas resultado do emprego das tecnologias em projetos de design de interfaces para mobile com o objetivo de desenvolver apps para diversas áreas, como a de games. O alcance do nível atual de interação exigiu que o design de aplicativos mobilizasse referências fundamentadas no contexto histórico do design e da sociedade. Daí a importância de estudantes e profissionais da área conhecerem a história do design.

Na metade do século XVIII, a Inglaterra foi palco do surgimento da Primeira Revolução Industrial, que ocasionou grandes mudanças socioeconômicas. Os marcos dessa época foram invenções como a máquina a vapor, que facilitavam a produção e permitiam a fabricação de maior quantidade de produtos em um menor tempo. Esse período define, também, o início da migração das populações do meio rural para o urbano, o que gera, consequentemente, um aumento da população nas grandes cidades e a divisão dos afazeres em turnos (estudo, lazer e trabalho). Estabelecendo comparações com o *design* de aplicativos, é fácil compreender que, embora existam, na sociedade atual, vários mecanismos que facilitem a vida das pessoas, os aplicativos otimizam as tarefas do dia a dia e favorecem o fator da mobilidade.

Mais tarde, no século XIX, com a Segunda Revolução Industrial, que se expandiu pela Europa e pela América, formaram-se grandes potências, como a Alemanha e os Estados Unidos, que se destacaram economicamente em virtude da forte intensificação de avanços tecnológicos na área industrial. Diante desse cenário, o *The Journal of Design and Manufactures*, já em 1849, defendia que "a primeira coisa a ser considerada pelo *design*er deveria ser a perfeita adaptação ao uso pretendido e que todo objeto, para proporcionar satisfação completa, deve ser adequado ao seu objetivo verdadeiro em sua construção" (Pevsner, 1981, p. 51). Percebe-se, assim, a preocupação com a funcionalidade dos objetos, impulsionada pelos avanços tecnológicos, que passam a permitir o acesso ao consumo de produtos antes considerados de difícil acesso. No design de aplicativos, uma das maiores preocupações é a questão da **usabilidade**, que está ligada, diretamente, aos princípios de usabilidade apontados nesse momento histórico do design e da sociedade.

Já no século XX, o design passa a ser influenciado pela estruturação da mecânica não só de produção, mas também da forma de administração dessa produção. Assim, para ser considerado eficiente, o trabalhador tinha de ser como uma máquina, cuja ideia resultou na desumanização do trabalho. Nesse momento, surgiu um conceito que propunha refletir sobre o modo de trabalho: a **teoria da decisão** (Ferreira et al., 2005), cujas características são semelhantes às do **processo criativo do design** proposto por Bonsiepe, Kellner e Poessnecker (1981), o que revela uma aproximação entre a produção do design e o trabalho mecânico característico da época, conforme demonstrado no quadro a seguir.

Quadro 2.1 – **Comparativo entre a teoria da decisão e o processo criativo do design**

Teoria da decisão	Processo criativo do design
Percepção da situação que envolve algum problema	Problematização
Análise e definição do problema	Definição do problema
Definição dos objetivos	Análise
Procura de alternativas de ação	Anteprojeto e geração de alternativas
Avaliação e comparação das alternativas	Avaliação, decisão, escolha
Escolha da alternativa mais adequada	Realização
Implementação da alternativa escolhida	Análise final de solução

Fonte: Elaborado com base em Ferreira, 2005; Bonsiepe; Kellner; Poessnecker, 1981.

Portanto, analisando o contexto histórico, o design corresponde a uma manifestação social, se tomado como campo do conhecimento que produz objetos e soluções. Na sociedade digital, essas soluções também são digitais, como o desenvolvimento do design de um aplicativo mobile.

2.1 Referência à arte e ao contexto histórico do design

Os diversos modos pelos quais o ser humano interpretou o ambiente em que vive no decorrer do tempo estão contidos na história da arte. Vários estudiosos, especialistas em diversas áreas, como arqueologia, filosofia, antropologia, linguística e, obviamente, história, procuram elucidar as origens da humanidade. Um ponto comum entre eles é quanto à origem do ser humano, tal como o conhecemos atualmente – ou seja, trata-se de concordar sobre a origem da humanidade –, que ocorre por meio de formas simbólicas, como a linguagem, a religião e a arte.

A pesquisa das formas simbólicas resulta em um conjunto de depoimentos sobre a origem e a evolução do ser humano, aspectos que não se dissociam. Linguagem, religião e arte sempre estão interligadas, e essa noção organiza a história da arte de acordo com os períodos evolutivos das civilizações. Nesse sentido, as pinturas rupestres, descobertas em sítios arqueológicos de todos os continentes, são consideradas expressões pioneiras de arte do homem pré-histórico. As esculturas primitivas e as pinturas rupestres são maneiras de entender como os humanos se relacionavam entre si e com a natureza, bem como sobre seus rituais religiosos, entre os quais foram identificados rituais de sacrifícios expressos em pinturas e esculturas.

Ao estudar a produção dos povos da Antiguidade – romanos, gregos, chineses, hindus, africanos, egípcios e mesopotâmicos –, nota-se que utilizavam formas artísticas para expressar sua organização cultural, cujas referências são utilizadas até hoje. As artes grega, romana, africana e egípcia têm grande influência na representação por meio de pictogramas e retratação das formas humanas de perfil. Já o desenvolvimento de esculturas em pedra, com precisão das formas anatômicas, caracteriza a manifestação da arte greco-romana.

Avançando para o período da Idade Média, a rica cultura de povos cristãos, muçulmanos, germânicos, entre outros, favoreceu expressões artísticas que vão desde a construção de grandes catedrais góticas, mesquitas islâmicas, tapeçaria muçulmana e persa até pinturas bizantinas. Os séculos XIV e XV, período de transição da Idade Média para a Idade Moderna, foram marcados por uma grande renovação artística, originando a arte renascentista, desenvolvida na Itália no século XVI. A partir desse momento, surgiram movimentos e estilos artísticos – como o Rococó e o Barroco – que influenciaram estilos posteriores, como o Esteticismo, o Impressionismo, o Romantismo, o Realismo e o Expressionismo, movimentos artísticos bastante atuantes até o fim do século XIX.

No início do século XX, vieram as vanguardas europeias, inspiradas nas culturas primitivas e largamente estudadas por antropólogos da época, com referências de áreas de estudo da psique humana, como a psicanálise. Os principais movimentos de vanguarda – como o Futurismo, o Surrealismo, o Dadaísmo, o Cubismo – ainda são referências para a arte contemporânea. Mattos (2003) defende que, por meio da história da arte, é possível compreender que, há milhares de anos, o ser humano faz arte e, ao fazê-la, observa o mundo ao seu redor: a paisagem, os animais e os outros. Logo, a história do design e a da arte caminham lado a lado, uma vez que conceitos e técnicas são referências em suas trajetórias. Existem aspectos do planejamento do design no contexto da história da arte: na projeção de um aplicativo ou de um game, por exemplo, todo o planejamento é de extrema importância, assim como as questões visual e estética.

No século XVI, constatou-se uma delimitação processual dos conceitos atrelados às artes. Para muitas pessoas, procedimentos que demandavam certo planejamento, antes de serem concebidos, não eram considerados artísticos. Essa divisão conceitual foi motivada pelo design, pois, nesse período, os estudos das artes visuais foram separados de outras artes. Meygide (2003, p. 164) aponta que, mais adiante, "No século XVIII, com a divisão sistemática entre ciências, artes e ofícios, apenas as artes visuais receberam o nome de arte".

O início do século XX marcou o reconhecimento do design como atividade autônoma, distanciando-se de outras formas artísticas. Esse acontecimento está ligado à procura de designers e estudiosos da área por uma maneira de determinar aspectos específicos do design, pois os conceitos mobilizados até então estavam sempre ligados às características dos objetos e aos processos da produção e da indústria, e se diferenciavam apenas das artes aplicadas, do artesanato e das artes plásticas.

Diante disso, o designer passa a ser considerado um profissional especializado, com meios para navegar por várias áreas do conhecimento. No entanto, os produtos e os projetos – físicos e digitais – sempre carregam referências artísticas, tendo em vista a origem histórica do design. O profissional de design de aplicativos utiliza essas referências, pois são necessários tanto conhecimentos relacionados ao design quanto de outras áreas, como a de programação. Em projetos de games, a pluralidade de conhecimento fica mais evidente. Assim, está clara a indissociabilidade da arte e do design, por isso a relevância, aos profissionais de design de aplicativos, de um aprofundamento na história da arte.

Entre os séculos XIX e XX, nos movimentos artísticos que compreendem a arte moderna e a arte contemporânea, à terminologia *arte* é atribuída uma concepção mais ideológica, na medida em que os artistas desenvolvem peças individualistas e transcendentais. O design, por sua vez, seguiu uma produção de peças totalmente planejada, preocupando-se com a funcionalidade, a fim de atender aos anseios da sociedade, cujos indivíduos começavam a apresentar características de consumidores. No entanto, a relação entre arte e design se mantém, pois, dificilmente, uma peça de design não apresenta referências da arte, embora, é verdade, exista a vantagem de que as peças de design possam ser reproduzidas em larga escala.

Por fim, cabe considerar que, ainda que existam diferentes tipos de dispositivos mobile no design de aplicativos, as interfaces são reproduzidas com exatidão em todos os aparelhos. O design de um game, por exemplo, não sofre mudanças quando executado em modelos diferentes de *smarthpones* e *tablets*. O designer se apropria dos conceitos artísticos e os aplica aos projetos em forma de funcionalidades, atentando-se à reação do público à interface, à peça ou aos produtos concebidos. No design de aplicativos, esse procedimento se identifica com a usabilidade e com a experiência do usuário. Já no contexto da arte, o artista, geralmente, busca provocar a reação do público, mas não o faz de modo planejado, como acontece nos projetos de design.

2.2 Semiótica

Para os profissionais que trabalham com design de interfaces para mobile, um dos conhecimentos basilares é o da semiótica. O estudo da semiótica, vale antecipar, não é aplicado apenas no design, pois essa área do conhecimento mantém relações, por exemplo, com a filosofia, a psicologia, a linguística. A arte e o design têm uma ligação próxima com a filosofia e, principalmente, com a psicologia, já que um projeto de design, como o de um aplicativo, comunica algo, provoca uma reação no usuário; no caso dos games, trata-se da reação dos jogadores.

Na prática, o conceito de semiótica envolve a análise da construção do significado dos signos, dos significados da comunicação. Em resumo, a semiótica analisa os signos, os símbolos e seu processo de significação. A semiótica se ocupa do processo natural e cultural que dá significado aos signos. Esse estudo é dedicado ao entendimento do sistema de signos e dos modos de representação que os seres humanos usam para transmitir sentimentos, pensamentos, ideias e ideologias (Medcalf, 2007). Por estudar os signos, a semiótica está apta a retratar condições nas quais um sentido pode ser produzido ou compreendido, penetrando no mecanismo interno das mensagens (Rodriguez, 2001).

Aplicando a semiótica às situações voltadas ao design de aplicativos, seu conhecimento pode facilitar a construção e o entendimento do usuário quanto à significação de um game. Ainda, a semiótica pode ser aplicada não apenas na concepção do aplicativo, mas também nas campanhas publicitárias para sua promoção, bem como auxiliar sua construção, como o estudo das cores. Nas campanhas publicitárias, o signo representa a marca da empresa, e, por meio de seu estudo, é possível visualizar seu potencial de comunicação (marca), de acordo com os objetivos que uma empresa quer alcançar e manter (Perez, 2004).

Conforme o segmento do game, é traçado um perfil cultural. Por exemplo, um game para um público-alvo que jogue golfe, normalmente não tem o mesmo foco de um game dirigido a um público-alvo interessado em jogos de construção de cidades virtuais. Assim, a semiótica funciona como um facilitador para o entendimento da cultura de mercados específicos e dos códigos que o público-alvo está acostumado a compreender. Quando é lançado um game para determinado público, é importante conhecer os significados que mais motivam aquele segmento e o estímulo que lhe é mais adequado – verbal, visual ou sonoro –, resultando em aplicativos e em interfaces voltados para um público-alvo específico.

A semiótica reúne fundamentos e ideias essenciais para a compreensão formal dos signos. A palavra *signo* vem do latim *signum*, que, por sua vez, deriva do grego *secnom*, verbo que significa "extrair uma parte", "cortar". Analogicamente, o signo refere-se a uma coisa que foi extraída a fim de substituir outra, de modo a representar algo para alguém, sob certos aspectos e em certa medida (Pignatari, 1989). Portanto, o signo pode ser definido como **tudo aquilo que representa algo para alguém**.

De acordo com Martinet (1983, p. 13),

A semiótica tem, pois, por objeto qualquer sistema de signos, sejam quais forem a sua substância ou os seus limites: as imagens, os gestos, os sons melódicos, os objetos e os complexos dessas substâncias que encontramos nos ritos, nos protocolos ou nos espetáculos constituem, senão linguagens, pelo menos sistemas de significação.

Como exemplo prático, evidente em nosso cotidiano, pensemos na sinalização de trânsito e na sinalização específica da área de pouso dos aeroportos, pois representam informação transmitida por meio de gestos e/ou de sinais executados que são compreensíveis para determinado grupo. No design de interfaces para mobile, os dispositivos como *smartphones* e *tablets* contêm um padrão de gestos que podem ser executados em suas telas e que são compreensíveis para a maioria dos usuários. Logo, a busca pela compreensão dos signos não surgiu apenas da necessidade de sistematizar a sinalização de uma cidade e facilitar a vida de seus moradores, por exemplo; a análise dos signos existe há muitos anos.

Existem indícios de que os estudos sobre os signos se iniciaram ao mesmo tempo em que a própria filosofia, quando filósofos como Platão e Aristóteles buscavam o entendimento da natureza dos sinais. No entanto, o estudo da semiótica começou, de fato, somente no século XVII, com as contribuições de filósofos como John Locke. Atualmente, há várias linhas de pesquisa na semiótica, as quais investigam o entendimento dos signos e da significação à sua maneira.

2.2.1 Aplicação de signos e significados no design de aplicativos

A semiótica dedica grande parte de seu estudo à fundamentação de todos os tipos de signos e seus significados – ou seja, às maneiras de pensar nas quais um signo pode resultar ao ser visualizado. O signo, como vimos inicialmente, é caracterizado por qualquer elemento que represente outra coisa. Esse elemento é denominado *objeto do signo* e produz um efeito interpretativo em uma mente real ou potencial: a do interpretante (Rodriguez, 2001).

Ao fazermos um gesto com os dedos polegar e indicador sobre a tela de um *smartphone* e essa ação ampliar uma imagem, por exemplo, produz-se o efeito interpretativo da função de lupa ou de *zoom*. Assim, o símbolo aplicado no design de aplicativos tem a função de ser intermediário entre o objeto interpretado e a pessoa que o interpreta. É comum que estudiosos de semiótica definam os entes dessa relação como **significado** e **significante**. O signo, o objeto e o interpretante compõem a tríade semiótica proposta por Peirce (1990), como indica a figura a seguir.

Figura 2.1 – **Tríade semiótica de Peirce**

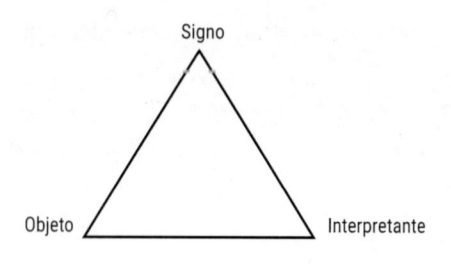

Fonte: Elaborado com base em Santaella, 2002.

Considerando as definições de Peirce (1990) com relação à ideia de tríade, um signo corresponde a qualquer elemento que ocupe a posição de algo a ser interpretado por alguém, por isso a tríade ser formada por:

1. signo,
2. objeto representado pelo signo, e
3. interpretante (efeito que o signo cria na mente de quem o recebe).

Um signo pode ser um grito, pois representa algo que não é ele mesmo, uma vez que informa uma situação de perigo ou de alegria (o objeto do signo é, portanto, o grito). Ainda, o grito pode motivar diversas reações das pessoas que o escutam, como responder com outro grito, assustar-se, ignorá-lo, provocar irritação (efeito interpretante).

No design de aplicativos, uma analogia com o exemplo do grito pode ser encontrada nos conceitos que formam a tríade semiótica. Um aplicativo representa a marca de uma empresa, que se refere a um produto ou a uma organização. O objeto do aplicativo é a organização, a marca, o produto e todos os benefícios proporcionados pelo aplicativo, que, ao serem processados na mente dos clientes, resultam em efeitos provocados pela organização, pela marca ou pelo produto. Os interpretantes, nesse sentido, são consumidores, usuários e jogadores. O conceito *interpretante* inclui tanto o intérprete (nesse exemplo, consumidor, usuários, jogadores) quanto sua reação ao produto, à organização e/ou ao design do aplicativo. Vale ressaltar que o interpretante é a imagem, o resultado da interpretação, que pode variar de indivíduo para indivíduo – os intérpretes. Assim, o interpretante não depende apenas do signo, mas também de todo o contexto cultural em que os consumidores estão inseridos, fazendo com que existam, para os mesmos signos, vários interpretantes (Mollerup, 2006).

O signo de uma marca ou de um game remete à construção simbólica, na qual estão embutidos aspectos de visibilidade e expressividade, como o *slogan*, a forma, o nome e o logotipo. O objeto, nesse caso, é o composto de *marketing*, incluindo os aspectos da empresa, como visão, missão e valores, bem como sua relação com a sociedade. Finalmente, o interpretante reúne os efeitos que a visualização da marca ou do game gera nos consumidores e que pode envolver *status*, poder, beleza, *glamour* e aceitação visual. No aspecto funcional, pode transmitir conforto, durabilidade, segurança, desempenho etc.

2.2.2 Uso de signos no design de interfaces para mobile

No design de aplicativos e na promoção de campanhas publicitárias – principalmente nas das mídias *on-line* –, são utilizados vários tipos de signos, como índices, símbolos e ícones, os quais podem ser assim compreendidos:

> Um signo é um ícone, um índice ou um símbolo. Um ícone é um signo que possuiria o caráter que o torna significante, mesmo que seu objeto não existisse, tal como um risco feito a lápis representando uma linha geométrica. Um índice é um signo que de repente perderia seu caráter que o torna um signo se seu objeto fosse removido, mas que não perderia esse caráter se não houvesse interpretante. Tal é, por exemplo, o caso de um molde com um buraco de bala como signo de um tiro, pois sem o tiro não teria havido buraco; porém, nele

existe um buraco, quer tenha alguém ou não a capacidade de atribuí-lo a um tiro. Um símbolo é um signo que perderia o caráter que o torna um signo se não houvesse um interpretante. Tal é o caso de qualquer elocução de discurso que significa aquilo que significa apenas por força de compreender-se que possui essa significação. (Peirce, 1990, p. 74)

Os profissionais criativos que trabalham com design de aplicativos – os que atendem, por exemplo, às demandas de *marketing* para o desenvolvimento de um game – precisam entender e relacionar esses signos. Isso acontece porque, de certa forma, os signos agregam às faculdades cognitivas algum tipo de juízo, no sentido de que a cognição se refere a diversos fatores ligados ao desenvolvimento intelectual, à percepção, à linguagem, ao pensamento, à memória etc. e está imbricada, também, com a análise de processos mentais que influenciam o comportamento e o desenvolvimento intelectual de cada pessoa.

Ao aplicar tais conceitos no desenvolvimento de um aplicativo, os usuários que compreendem seu funcionamento, ainda que superficialmente, podem melhor entender os objetivos das informações que lhes forem transmitidas. Já os usuários que dominam esses conceitos captam plenamente as informações divulgadas, o que influencia sua opção por consumir o que lhe é oferecido. Na prática, o departamento de *marketing* solicita ao departamento de design de aplicativos o desenvolvimento de um app como solução para determinada demanda, cuja resposta pode gerar aplicativos e/ou games que facilitem a interação dos usuários, contendo elementos como ícones, índices e símbolos. Peirce (1990) classificou os signos de acordo com as características apresentadas no quadro a seguir.

Quadro 2.2 – **Categorias dos signos**

Categoria	Característica
Ícone	É uma representação visual que se baseia na semelhança.
Índice	É uma representação que se baseia na contiguidade, por uma relação de contato, de rastro ou de efeito.
Símbolo	É uma representação que ocorre por convenção, como acontece com o nome e com o significado de um ser e de um objeto reais.

Fonte: Elaborado com base em Peirce, 1990.

Um exemplo prático de ícone é um desenho no qual uma criança descreve todos os seus familiares: trata-se de uma representação real das pessoas que existem naquele local. Imaginemos, agora, que, ao andar por uma praça, sintamos o cheiro de terra molhada. Rapidamente, chegamos à conclusão de que choveu, mesmo que, no momento da chuva, estivéssemos em um ambiente fechado e não tenhamos presenciado o fenômeno: esse é um exemplo de índice. Quanto ao símbolo, pensemos na palavra *professor*. O que vem à sua mente? Você pode correlacionar termos como *conhecimento*, *provas*, *atividades*, *notas*, *avaliação* e *admiração*, pois essa é a convenção estabelecida em torno dessa palavra.

O grande desafio para os profissionais que trabalham no desenvolvimento de design de aplicativos é saber utilizar esses conceitos em um contexto criativo. Para tanto, deve-se experimentar muito e analisar todas as interfaces desenvolvidas, certificando-se das sensações e das experiências relatadas pelos usuários. É importante executar testes e ter cuidado com a escolha das cores, dos símbolos e dos ícones de todos os elementos de uma interface.

A aplicação criativa de signos garante que as interfaces mobile não apenas se concretizem, mas também entreguem significado. Os estudantes e os profissionais principiantes devem adquirir repertório cultural a fim de dar maior significado às interfaces desenvolvidas. Como se vê, não se trata somente de desenvolver designs de aplicativos com estética apurada, design tecnicamente correto e um texto impactante fornecido pelo departamento de *marketing*; é preciso buscar conceitos mais profundos, algo que o estudo da semiótica e do uso de signos de modo criativo pode proporcionar.

2.3 Fundamentos de Gestalt no design de aplicativos

A Gestalt é o estudo da maneira como as pessoas percebem as formas. Os padrões no comportamento visual humano são a base para as leis da Gestalt. No design de aplicativos, para que os usuários se sintam familiarizados com as interfaces, é fundamental manter um **padrão visual**. A Gestalt é tida como uma ciência que busca relacionar as partes de uma forma, procurando entender todos os conceitos – físicos, emocionais e técnicos – que envolvem sua compreensão. Ela é considerada, por muitos, a *psicologia das formas*, pois trabalha com conceitos que pautam as maneiras pelas quais o cérebro percebe as formas.

A percepção das formas ocorre de maneira unificada, ou seja, os pontos percebidos não são individualizados. Quando essa ideia é aplicada ao design de interfaces mobile, principalmente em projetos visualizados em *smartphones*, a primeira visão do usuário do *software* é a de um todo, isto é, em razão do tamanho da tela, o usuário, primeiramente, visualiza toda a interface e, depois, direciona seu olhar para pontos específicos, de modo claramente previsto pela Gestalt.

Logo, trata-se de um estudo dedicado a descobrir como funciona a interpretação de uma forma, sobre a qual recai a influência de forças internas e externas. As **forças externas** são originadas na luz do objeto que é refletida na retina do olho humano. As **forças interna**s são relativas ao processo fisiológico do cérebro. Considerando-se que os aplicativos são visualizados em dispositivos mobile que emitem luz, como *smartphones* e *tablets*, as forças externas constituem um ponto relevante no desenvolvimento da interface.

Conforme o estímulo das forças externas, o sistema nervoso ordena e determina as formas de modo coerente e unificado. Essa organização acontece naturalmente. O cérebro, depois de alguma forma ser visualizada, confronta a informação com algo já visto. Nesse sentido, durante o desenvolvimento do design de aplicativos, é preciso ponderar sobre o efeito que se quer provocar no usuário. Por exemplo, interfaces sem contraste não provocam inquietação no cérebro e, por isso, podem não ser atrativas. Esse fundamento é evidente no design de games, pois, dificilmente, encontraremos interface de jogos que não sejam extremamente atrativas para os usuários, principalmente em games direcionados ao entretenimento.

Assim, o estudo da Gestalt ajuda a compreender como as formas desenvolvidas pelos designers transmitem informações. Na prática, fica mais claro entender o motivo de algumas formas serem mais agradáveis do que outras.

2.3.1 Gestalt no desenvolvimento de interfaces mobile

A aplicação da Gestalt ao design de aplicativos permite que o conteúdo como um todo seja compreendido, além disso, facilita o destaque de pontos da interface mobile e organiza o conteúdo. O profissional que tem conhecimento de Gestalt influencia, de maneira extremamente positiva, suas criações, pois consegue desenvolver projetos que transmitem aos usuários uma ideia de perfeição, visto que eles são moldados por padrões do comportamento humano.

Um dos princípios do comportamento visual que transmite a sensação de que determinada criação está perfeita é a noção de *funcionalidade*, evidente quando o usuário, na primeira vez em que olha para o aplicativo, intui que seja algo operacional. Os conceitos de *interface do usuário* (UI) e *experiência do usuário* (UX) têm bases nos estudos da Gestalt e da semiótica e, por isso, são um motivo a mais para que os profissionais desse ramo se aprofundem nessas áreas.

Criações de outras áreas do design, como arquitetura, *marketing* e publicidade e propaganda, também utilizam os padrões de comportamento da sociedade contemporânea relacionados a Gestalt. Sua importância reside no fato de que, nesta Era digital, computadores e dispositivos mobile desempenham um grande papel na sociabilidade, definindo padrões de comportamento. O designer, nesse sentido, molda seus projetos de acordo com as necessidades do usuário e dos meios em que serão veiculados, no caso do design de aplicativos nos dispositivos mobile. Dessa forma, o profissional é capaz de criar emoção dentro dos padrões de comportamento. Nos projetos de design de games, os designs de interface para mobile são projetados, justamente, para manipular a emoção dos jogadores, com objetivo de que interajam e mergulhem o mais fundo possível no jogo.

Os *layouts* são a base para a criação do design de interfaces para mobile. Diferentemente de uma obra de arte, os aplicativos precisam ser funcionais para o receptor da mensagem – ou seja, os usuários. A sensação de funcionalidade advém das técnicas de percepção e emoção, da abordagem de modo claro e eficaz e do entendimento de como o cérebro humano interpreta as formas, as imagens e todos os estímulos visuais de maneira natural. No *layout* são definidos os elementos do projeto: as formas, o posicionamento dos botões, as cores, o tipo de letra (tipografia) – isto é, todos os elementos que despertam a atenção e envolvem o usuário.

A Gestalt pode ser utilizada como ferramenta para a criação de interfaces únicas por meio da manipulação dos elementos que compõem o design de aplicativo, fazendo com que se destaque dos demais disponíveis em uma loja especializada. Na prática, a Gestalt deve ser aplicada desde a concepção do ícone disponível na loja de aplicativos para ser baixado, de modo a passar a sensação, inclusive nesse momento inicial, de que se trata de um aplicativo interessante de ser usado.

2.4 Técnicas de percepção visual no design de aplicativos

A leitura de um simples texto como este, para as pessoas que são alfabetizadas, parece fácil, pois, ao direcionar o olhar para as letras, já é possível identificar e interpretar as palavras. Nesses termos, ler é, aparentemente, simples, mas, na verdade, a decodificação é um processo bem trabalhoso que utiliza uma grande quantidade de estruturas cerebrais – a fim de estabelecer a percepção visual – e diferentes subcomponentes da visão. No design de aplicativos, é essencial considerar as técnicas de percepção visual. Embora os aplicativos tenham certas similaridades, sua codificação não é a mesma: um texto, por exemplo, exige, para ser lido, que a pessoa tenha passado pelo processo de alfabetização. Por isso, o aplicativo deve ser de fácil codificação – ou seja, precisa ser facilmente compreensível a fim de que os usuários consigam utilizá-lo "naturalmente".

A percepção visual ocorre quando o ser humano se torna capaz de codificar a informação presente em seu entorno. Atualmente, um dos primeiros estímulos de grande parte das pessoas ao se levantarem da cama é o *smartphone*. A primeira ação que muitos fazem ao acordar é conferir seus aplicativos de mensagens e suas redes sociais. Essa prática está ligada a processos cognitivos individuais atrelados ao conhecimento prévio de cada indivíduo. Dito de outra forma, a percepção visual pode ser entendida como a capacidade de interpretar a informação recebida pelo olho, e o resultado dessa ação, que é codificada pelo cérebro, corresponde à percepção. Logo, as interfaces de aplicativos mobile devem ser desenvolvidas para facilitar ao máximo a percepção visual.

Vivemos em ritmo acelerado, sobretudo quando se trata do cotidiano das grandes cidades. Com isso, o deslocamento se torna, também, um momento de executar tarefas, obter informações ou buscar entretenimento. Os dispositivos móveis, por meio de seus aplicativos, são facilitadores desse processo, mas, ou pelo fato de os indivíduos terem de cumprir diversas tarefas, ou pela grande quantidade de informação, a obtenção de conteúdo por meio textual, em alguns casos, pode ser inviável.

Na sociedade digital, já não é difícil constatar uma mudança de comportamento: o vídeo vem ganhando mais espaço em detrimento do texto, como acontece, por exemplo, na rede social YouTube. Por outro lado, as redes sociais que promovem fotos, como o Instagram, superam a quantidade de usuários engajados nas redes sociais que permitem a inserção de grande quantidade de textos. Pessoas de todas as faixas etárias – jovens e crianças, que nasceram na era da informação visual, e adultos – consomem o conteúdo das redes sociais não somente quando estão em deslocamento, mas também nos momentos de lazer, em casa ou em qualquer outro lugar. Diante disso, as informações sofrem igualmente adaptações, e os aplicativos são ótimos facilitadores da organização de todas as informações visuais a que as pessoas têm acesso em seu cotidiano.

A informação visual deve ser clara e eficiente, pois o ser humano, primeiramente, enxerga o todo, para, em seguida, inteirar-se da leitura, seja de um texto, seja de uma imagem, seja de um design de aplicativos. Um exemplo do ritmo acelerado do consumo de informações é a rede social Twitter, na qual a informação deve ser veiculada em até 140 caracteres. Outras redes sociais, como Facebook, mesclam informação textual e visual; o Instagram, por sua vez, é fundamentalmente visual. Os designs de aplicativos devem unir, harmoniosamente, as informações textuais às visuais – imagens, fotografias, ilustrações, desenhos, animações e vídeos.

Portanto, a informação visual deve servir para facilitar a assimilação do que é lido, visto e escutado. Em razão dos vários estímulos visuais, o cérebro humano não tem tempo de interpretar tudo que é visto. Logo, substitui, imediatamente, uma informação por outra de maneira instantânea e rápida.

2.4.1 *Visual* design

O *visual* design é uma das vertentes do campo de design cujo ponto central é a comunicação visual, englobando elementos da escolha tipográfica, imagens, cor, hierarquia de informações e demais materiais utilizados em um projeto de design de aplicativo. Envolve, ainda, todas as peculiaridades que interferem no bom aspecto visual da criação de um projeto de design. Os vários tamanhos dos dispositivos em que podem ser visualizadas as interfaces são bons exemplos disso.

Além dos fundamentos da Gestalt, é importante, para um *visual* design, o conhecimento da netnografia, vertente da etnografia que estuda como as pessoas e os grupos sociais se comportam na internet e quais são suas dinâmicas de relacionamento nos ambiente *on-line* e *off-line*. Assim, a netnografia analisa o comportamento das pessoas nos grupos de notícias, nos fóruns, nos *blogs*, nas redes socais, nos aplicativos de trocas de mensagens etc. Com essas informações, o profissional de design de aplicativos tem mais facilidade para escolher corretamente os elementos que compõem um projeto.

Compreender o que está acontecendo e saber ler a realidade resultam de um entendimento embasado na capacidade de discernir sobre sua tomada de decisão. O público-alvo precisa entender o serviço ou produto para poder comprá-lo. Assim, trata-se da capacidade de decidir entre aquilo que, em seu entendimento, está correto ou não, ou seja, entre o que leva (ou não) o cliente a optar por uma marca (aplicativo). Essa decisão baseia-se na ideia de executar uma ação de modo prudente. Já a retenção da informação está relacionada à capacidade de memorização do ser humano, que pode ser de curto ou longo prazo ou, até mesmo, permanente. Nesse caso, por meio de estímulos, a informação é recuperada e codificada pelo cérebro – ou seja, é entendida.

Nas interfaces, os usos dos diversos recursos que os projetos de design de aplicativos facilitam, em certos casos, o entendimento de um produto, aumentando as chances de compras. A retenção da informação é importante para que, caso o usuário não execute a compra ou não baixe o aplicativo de imediato, lembre-se de fazer isso em momento oportuno, mediante estímulos emocionais do produto, do serviço ou do aplicativo. É importante salientar que a informação não é somente textual, mas também visual: o estímulo visual tem maior apelo ao estímulo emocional de um potencial cliente.

Existem inúmeras técnicas no design de aplicativos às quais os profissionais recorrem para estimular novos usuários a fazer o *download* na loja de aplicativos e, assim, fidelizar seus usuários, de modo que sempre utilizem o mesmo produto, serviço ou game. Ainda, é relevante que os usuários conheçam os outros produtos que a empresa oferece. Essa forma de estímulo é utilizada por outras áreas, como a de *marketing*, sendo conhecida como *marketing de retenção*. Para utilizar essa técnica no design de aplicativos, diversas ferramentas podem ser mobilizadas. Caso o objetivo seja estimular e reter a atenção do público-alvo, é necessário conhecê-lo, mantê-lo conectado e trocando informações. Já a fidelização exige uma ação de agradecimento ao usuário, mostrando reconhecimento pelo retorno da compra e oferecendo-lhe alguma vantagem.

O desenvolvimento de interfaces mobile que façam com que o usuário perceba que atendem aos seus anseios e às suas necessidades proporciona um bom entendimento e identificação do usuário com a empresa e/ou game, como se realmente houvesse uma compreensão mútua. As ferramentas de *marketing* digital, em conjunto com os aplicativos – por exemplo, em um aplicativo de compras – permitem visualizar o histórico e identificar as tendências de compras do cliente, bem como sua periodicidade. Assim, as empresas podem enviar mensagens ou notificações pelos aplicativos – conhecidas como *push* – no período em que o cliente costuma efetuar compras. Manter a conexão com o usuário por meio de redes sociais e dispor de diversas ferramentas de *marketing* para informá-lo e estimulá-lo a utilizar o aplicativo são pontos fundamentais. Para isso, é preciso que haja uma preocupação constante com a excelente qualidade das interfaces mobile, por meio das quais os usuários recebem informações que contêm todos os estímulos, como os da Gestalt.

Nesse sentido, as **personas** ajudam a alcançar novos usuários, pois, com informações de clientes reais, desenha-se o usuário ideal de uma empresa ou game, e, com base nesse usuário, é construída uma simulação de perfil. A *persona* funciona, analogamente, como a empatia, que é a competência de projetar uma personalidade colocando-se, de certa forma, no lugar de outra pessoa. Nesse caso, a empresa coloca-se no lugar do usuário. Portanto, o uso de *personas* pode ser considerado uma estratégia realmente eficaz no desenvolvimento de design de aplicativos.

A primeira construção de *persona* surgiu dos resultados práticos de aplicação de vários projetos desenvolvidos pela empresa Cooper, que identificou diversos padrões por meio de pesquisas e análises de potenciais compradores de determinado produto. O trabalho identificou que, construindo um grupo de *personas*, são obtidos os comportamentos, as aptidões, os modelos mentais, a diversidade motivacional, os fluxos de trabalho, os ambientes e, até mesmo, as frustrações que os consumidores representados pela *persona* podem ter em relação a um produto.

Cooper, Reimann e Cronin (2007) sistematizaram o processo de criação de *personas* e desenvolveram um conjunto de procedimentos constituído por diferentes etapas:

- **Identificar variáveis de comportamento**: gerar as hipóteses das *personas*; realizar pesquisas; executar a organização parcial dos dados; listar os aspectos distintos de comportamento como um conjunto de variáveis comportamentais.
- **Atividades**: O que o usuário faz? Qual é a frequência? Qual é o volume?
- **Atitudes**: Qual é o pensamento do usuário sobre o domínio do produto e da tecnologia?
- **Aptidões**: Qual é o nível educacional do usuário? Qual é seu treinamento? Qual é sua capacidade de aprendizado?
- **Motivações**: Por que o usuário está comprometido com o domínio do produto?
- **Habilidades**: Quais são as capacidades do usuário relativas ao domínio de produtos e tecnologias?

- **Mapear os assuntos da entrevista em variáveis comportamentais**: mapear cada entrevistado quanto a cada variável; agrupar as pessoas com comportamentos próximos; distribuir as pessoas que participaram da coleta de dados nas variáveis comportamentais.
- **Identificar padrões de comportamento significantes**: analisar os agrupamentos produzidos na fase anterior, de modo a averiguar os padrões de comportamento que se destacam. Uma provável *persona* é identificada com o agrupamento de seis a oito variáveis diferentes. Quando existem papéis dividindo as variáveis, o número de padrões significantes é menor.
- **Sintetizar características e metas relevantes**: sintetizar detalhes dos dados de cada padrão de comportamento significante identificado; descrever o ambiente de uso potencial, o dia de trabalho típico (ou outro contexto relevante), as soluções, as frustrações e os relacionamentos. Nesse momento, definem-se nome, sobrenome e ilustração para a *persona*.
- **Verificação para redundância e integralidade**: construir a narrativa em terceira pessoa, pois é mais poderosa para carregar as atitudes, as necessidades e os problemas das *personas* para os membros da equipe. Isso também intensifica a conexão entre projetista e autor com as *personas* e suas motivações.
- **Definir os tipos de *persona***: primária, secundária, servida ou negativa, conforme descrito a seguir.
  - » **Primária**: representa o objetivo primário.
  - » **Secundária**: é satisfeita com o produto ou serviço de *persona* primária, mas tem necessidades adicionais específicas que

podem ser acomodadas sem transtornar a habilidade do produto servido à *persona* primária.

» **Servida:** não são os usuários do produto, mas são diretamente afetadas por seu uso.

» **Negativa:** é usada para comunicar aos *stakeholders* e aos membros da equipe de produto que existem tipos específicos de usuários para os quais o produto não foi construído.

Alguns estudiosos, como Quesenbery (2003), declaram que a construção de *personas* pode ocorrer com base em informações retiradas das próprias equipes de desenvolvimento, como a de *marketing* e a de *design* de aplicativos, sendo um resultado do olhar da própria empresa sobre os consumidores, em vez de provir dos consumidores. Além da verificação textual, de entrevistas e de outros métodos qualitativos para a construção de informações, a criação de *personas*, nessa perspectiva, contará com aspectos reais e fictícios. Outros estudiosos, como Pruitt e Adlin (2006), definem, categoricamente, que as principais informações para caracterizar a construção de *personas* precisam ser de uma fonte de informações real dos usuários dos produtos ou serviços.

O vocábulo *persona* foi primeiramente relacionado a estereótipos – ou seja, à consequência de um ponto de vista preconcebido e difundido a partir dos elementos de uma sociedade. O termo mais utilizado na atualidade é *arquétipo*, que engloba as características de um modelo ou padrão exemplar, retratando uma referência muito fiel aos seres criados. Para os idealizadores do estudo, Cooper e Reimann (2007), *persona* é a construção de dados reais e representativos com a inclusão de informações fictícias, com objetivo de caracterizar, da maneira mais completa possível, a representação do usuário. A construção da *persona* pode ser com dados fictícios e com informações da geolocalização, da história e da personalidade do usuário retratado. Dessa forma, uma *persona* precisa ter nome, como um indivíduo social, e até pode ser representada com imagens, ilustrações, avatares e fotos, a fim de ser mais realista.

A importância de construir *personas* reside no fato de que representam, de modo concreto e personalizado, o público-alvo para o qual as ações de *marketing* e os produtos de design de aplicativos são criados – público-alvo que, em certa medida, é formado por pessoas imaginárias. A *persona* é, também, um motivador para a equipe de desenvolvimento, pois desperta interesse sobre os usuários do sistema, atraindo a atenção da equipe de desenvolvimento de forma que um conjunto de dados brutos não alcançaria (Pruitt; Adlin, 2006).

Hourihan (2005) defende que o uso de *personas* auxilia na identificação do público-alvo, evitando que os profissionais que participam do projeto, como os dos departamentos de *marketing* e design de aplicativos, utilizem o próprio perfil de *persona*. O autor, em um estudo de caso com sua equipe, definiu, inicialmente, um público-alvo, conforme características baseadas nos desenvolvedores de sua própria equipe. Concluiu, porém, que as *personas* definidas por eles – ou seja, o público-alvo – não representavam, realmente, o público, sobretudo em relação à *persona* construída por meio de pesquisas.

A aplicação dos conceitos de *persona* pode ser destinada, ainda, para uma empresa, que deve estabelecer seus valores e manter a forma de se comunicar em todos os meios. Nas redes sociais, área de atuação do design digital e de aplicativos, por exemplo, a *persona*--empresa é o colaborador que atualiza os meios de comunicação e interage com os usuários. No entanto, não é a empresa propriamente dita que atualiza suas redes sociais; é o colaborador, assumindo o papel de *persona* da empresa na qual trabalha.

Os colaboradores, que, normalmente, são os profissionais dos departamentos de *marketing* e digital, nas postagens em redes sociais, devem manter um comportamento o mais semelhante possível às políticas da empresa. Essa conduta precisa orientar a interação com os usuários nas redes sociais, as trocas de mensagens e as respostas a comentários. Geralmente, os valores e os comportamentos da política de uma empresa são representados por meio da credibilidade de mercado, das responsabilidades social e ambiental e, logicamente, do bom atendimento.

Para a *persona*-público, empregaremos a definição baseada em cenários narrativos. Nielsen (2007) lista dez etapas para a obtenção do máximo de informações desse tipo de *persona*:

1. encontrar o público;
2. construir hipóteses;
3. realizar verificações;
4. localizar padrões;
5. construir *personas*;
6. definir situações;
7. promover validação e compromisso;
8. disseminar conhecimentos;
9. criar cenários; e
10. desenvolver-se continuamente.

Analisando todas as informações, é possível perceber uma disputa entre *persona*-empresa e *persona*-público, de modo a verificar as contribuições que os departamentos de *marketing* e design digital podem disponibilizar para outras áreas de uma corporação, tornando-se ferramentas úteis.

Chaosamran_Studio/Shutterstock

CAPÍTULO 3

PRINCÍPIOS DO DESIGN E SUA APLICAÇÃO NO DESIGN DE APLICATIVOS

A maneira de receber informações e de se comunicar proporcionadas pelas mídias *off-line*, como jornal, rádio e televisão, ocorre, tradicionalmente, sem interações, mas isso mudou drasticamente em razão do avanço da tecnologia da comunicação e da informação. São exemplos disso as invenções de *tablets* e *smartphones* e os diversos aplicativos e games que podem ser executados nesses dispositivos mobile.

Conforme Carrera (2009), a internet é o recurso que melhor representa a revolução tecnológica dos meios *off-line*, determinando a mudança da sociedade para a Era digital. Dessa forma, é evidente a forte influência dessa ferramenta na produção de design digital, como o de aplicativos. Por consequência, o modo de trabalho nessa e em outras áreas teve de se adaptar às novas ferramentas de comunicação – que são, também, novos instrumentos de trabalho, visto que os *smartphones* e os *tablets*, por meio dos aplicativos instalados, possibilitam a execução de tarefas que, antes, exigiam o uso de computadores, em escritórios ou residências, ou de *notebooks*, que, embora possam ser carregados para diversos locais, não oferecem a mesma mobilidade que os dispositivos móveis.

A sociedade contemporânea tem sido denominada, por muitos estudiosos, *sociedade digital*. Essa constatação pode ser verificada cotidianamente, é só notar a frequência de uso por quase todas as pessoas de computadores, *smartphones*, *tablets*, *notebooks*, entre outros dispositivos com aplicativos instalados. Esses objetos são, também, facilitadores de sociabilidade, promoção e acesso à informação e ao entretenimento, como é o caso dos aplicativos de games, política e relacionamento.

A definição de sociabilidade está sendo entendida aqui como o prazer de compartilhar a vida com outras pessoas, como uma inclinação a viver em companhia de outros; afinal, existem vários aplicativos cujo objetivo é integrar pessoas. O sucesso dos aplicativos de trocas de mensagens e redes sociais são exemplos dessa iniciativa, assim como os de games, pois, por meio deles, é possível jogar com usuários de qualquer lugar do mundo, desde que se tenha acesso à internet.

Ao mesmo tempo que, na sociedade digital, o acesso e a execução de serviços se tornaram mais fáceis, ocorreu uma significativa substituição da mão de obra humana, o que exigiu mais uma adaptação social. Essa necessidade, vale lembrar, já ocorreu em outros momentos históricos, como na Revolução Industrial. Nesse cenário, a sociedade digital abre um leque de novas possibilidades e especializações, principalmente nas áreas de produção de design digital para aplicativos e games, de *marketing* digital, de tecnologias da inteligência, entre outras.

Uma das finalidades do design é apresentar projetos que possam ser reproduzidos em grande escala e que sejam fiéis ao projeto original. Isso difere o design das artes, porque, dificilmente, um artista consegue reproduzir fielmente a mesma pintura ou escultura, entre outros artefatos artísticos. O design de aplicativos, nesse sentido, permite, além de reproduzir em massa a interface, personalizações que só existem graças aos avanços da tecnologia digital.

Um ponto importante para o design de aplicativos é o planejamento, que deve fazer parte de todos os projetos. Essa fase consiste em um exercício de definir conceitos e executar o projeto de modo a se tornar funcional e atraente. De modo geral, os projetos são desenvolvidos de acordo com princípios que fundamentam uma ou mais alternativas como resultado. No contexto do design de aplicativos, o objetivo do planejamento é chegar a uma interface.

Antes de iniciar uma interface, é importante que seja desenvolvido o *layout*, entendido como o local no qual se aplica os princípios básicos do design. No caso do meio impresso, fica claro o que seja o *layout* de uma revista, de um anúncio, de um livro, de um folder etc. O *layout* existe, igualmente, no design de aplicativos, embora sua denominação seja *wireframe*. Trata-se de um protótipo utilizado para indicar a estrutura de um site, de um aplicativo e de outras interfaces digitais. Pode ser somente um esboço ou uma ilustração semelhante ao produto no qual já constam as informações de *layout* essenciais para se ter uma ideia mais concreta do projeto final.

O *layout* é iniciado com o esboço em que são planejados e executados os princípios básicos do design. Mesmo antes de o produto ser finalizado, pode ser apresentado ao cliente, para que tenha ideia do andamento do projeto. Com o *layout* mais aprimorado, outros elementos podem ser inseridos, como os tipos de fonte (tipografia), que podem compor uma família tipográfica, com fontes específicas para títulos, subtítulos, conteúdo e demais informações. As ideias das ilustrações, da disposição das fotografias e da diagramação, de modo geral, devem estar previstas no *layout*, mas os princípios básicos do design devem, sempre, ser aplicados de acordo com o objetivo final do design de aplicativos.

Então, uma das funções da produção de design no meio digital é transmitir conteúdo, já que, desde sempre, informação e comunicação são elementos essenciais para os seres humanos. Embora estudos façam esse levantamento a partir da Pré-História, na Idade da Pedra, por exemplo, caçar animais de grande porte não era uma ação possível de ser concretizada somente por um indivíduo, sendo necessário, pois, um grupo de caçadores. A comunicação entre os indivíduos desse grupo era o que garantia o êxito de um ataque. Daí decorre a evolução da linguagem humana. E, na sociedade digital, cada vez mais, o modo de se comunicar se transforma; os aplicativos, de certa forma, têm como função basilar a comunicação, seja voltada para o mundo dos negócios, seja para o âmbito do entretenimento.

Quando a sociedade começou a se organizar, com o surgimento das primeiras civilizações, o Estado observou a necessidade de propagar informações para a população de maneira eficiente e consolidada. A solução veio com a invenção da escrita. A partir de então, a informação passou a ser registrada. Nesse sentido, não haveria a necessidade de o ser humano guardar toda a informação em sua memória. Bastaria, portanto, consultar a informação escrita.

Atualmente, é possível constatar quantos aplicativos estão disponíveis para uma comunicação direita com o governo. Em razão da pandemia de covid-19, ocorrida no início de 2020, o governo lançou vários aplicativos específicos com o intuito de se comunicar com a população e, também, a fim de disponibilizar recursos. Não é de hoje, então, que se assume que a linguagem na modalidade verbal escrita instaurou uma mudança de paradigma, pois, por meio dela, a informação pôde ser compreendida por mais indivíduos, desde que proficientes em leitura. Com isso, na produção de design de aplicativos, é importante que sejam desenvolvidos projetos de fácil compreensão para todos os públicos, principalmente para públicos que não têm familiaridade com esse tipo de ferramenta, como é o caso dos aplicativos lançados pelo governo do Brasil em virtude da pandemia.

O papel, a imprensa e a calculadora, por exemplo, também foram avanços importantíssimos na história. No entanto, o marco da evolução ocorreu no século XX, com a invenção dos computadores e das redes de informação, conhecidas como *redes informáticas*, nas quais computadores se conectam entre si e se comunicam em redes. Foi, portanto, a invenção dos computadores e das redes de informação que desencadearam a necessidade de produção de design no meio digital, como a dos aplicativos.

Os profissionais que atuam nessa área utilizam técnica e criatividade para criar interfaces digitais eficientes e interativas. O surgimento de um design especializado nessa área aconteceu em favor do desenvolvimento de soluções digitais, sendo forjado pela rápida evolução das mídias. Isso motivou a produção de design aliada a conceitos da programação visual. Além disso, esses mesmos profissionais, com criatividade e senso estético visual-cultural, criam produtos direcionados aos diversos suportes da mídia digital. O profissional de design de aplicativos estuda a técnica relacionada ao uso das ferramentas adequadas para o meio de produção de interfaces, de acordo com as soluções dirigidas às mídias interativa e digital.

3.1 Técnicas de composição no design de aplicativos

Um dos princípios mais importantes aplicados em quaisquer projetos de design é o da ***composição gráfica***, que corresponde à organização visual dos elementos que compõem uma interface, uma peça de publicidade etc. Esses elementos são os textos, as ilustrações, os espaços, as cores, os gráficos – incluindo ícones, logotipos e similares –, as fotografias e as imagens. Uma interface, normalmente, é composta por vários tipos de elementos gráficos, como linhas, que podem ser retas, quebradas, curvas, livres e pontilhadas, polígonos, elipses, ovais, círculos com e sem contornos específicos, cuja denominação é *elementos geométricos*. A tipografia – os tipos de letras, as famílias de fontes, que apresentam diversas estruturas e formas – é utilizada para compor as informações textuais de maneira criativa.

Todos os profissionais envolvidos no desenvolvimento de design de aplicativos, não apenas os que trabalham na área de criação, devem conhecer os princípios e a teoria da composição gráfica, principalmente no momento de conceber a interface. Para os profissionais que não trabalham no departamento de criação, também é importante conhecer a composição gráfica a fim de saber analisar, corretamente, os elementos do design, como a tipografia, a legibilidade, a cor, a coerência, a unidade visual, a organização, a hierarquia, antes de encaminhar o produto para a aprovação do cliente.

Na prática, a composição gráfica ultrapassa as regras que garantem a criação de uma interface equilibrada e facilitadora da comunicação. Combinando e organizando os elementos, o projeto pode resultar em grafismo e em outras concepções, tornando a criação autoral. Certamente, desse modo, o projeto será atrativo, destacando-se dos concorrentes. Além da organização dos elementos, algumas técnicas auxiliam a composição visual. Uma dessas é a da **geometrização**, que destaca os pontos de visão periférica e direta. Essa técnica organiza os elementos textuais e visuais, inserindo-os no local ideal de uma peça, como acontece com as imagens. Assim, quando empregada, as informações contidas nas imagens e sua relação com o traçado geométrico podem ser avaliadas.

Na composição gráfica geométrica, é preciso cuidar com o momento de inserir uma fotografia, pois não podemos refletir apenas sobre seu formato – quadrado, retangular, oval etc. A composição visual da fotografia é igualmente importante, já que a visão humana navega por uma interface de acordo com a força visual de cada elemento da composição gráfica. Um indivíduo, ao olhar para uma interface, de modo natural e inconsciente, faz um mapeamento das informações, as quais são transmitidas para o cérebro, que pode codificá-las de maneira rápida e fácil ou demorada e difícil. Por esse motivo é que a composição gráfica é tão importante.

Existem, ainda, outras técnicas de composição gráfica, como a de **agrupamento**. Trata-se da organização dos elementos que têm relação entre si de acordo com a hierarquia de informações. No agrupamento, existem alguns critérios, como semelhança, continuidade, proximidade e simetria. Tanto a composição gráfica quanto os princípios de design devem ser estudados com profundidade pelos profissionais de design de aplicativos, principalmente por aqueles que trabalham no departamento de criação. Segundo Lupton e Phillips (2008), a composição visual acontece com a organização dos elementos básicos, como ponto, linha e plano, já que imagens, ícones, texturas, padrões, diagramas, animações e sistemas tipográficos têm origem em tais elementos básicos. Forma, direção, tom, dimensão, escala e movimento são igualmente elementos fundamentais de uma composição visual.

Um dos princípios básicos do design é o **alinhamento**, não somente do texto, mas de todos os elementos da composição visual do projeto. Ele consiste em uma maneira de organizar informações textuais, imagens, vídeos, animações e anúncios dentro de uma interface. O planejamento dessa organização depende da compreensão do observador; nos casos dos projetos de design de aplicativos, do entendimento do usuário ou jogador. O designer de aplicativos deve colocar-se na posição de usuário ou jogador, simulando a recepção e a interação com a interface desenvolvida. Precisa ponderar, ainda, em quais tipos de dispositivos o aplicativo será visualizado e quais personalizações devem ser feitas para cada tipo de dispositivo. Lembremos, portanto, que o alinhamento tem a função de direcionar o olhar, logo, o designer pode indicar qual percurso o usuário deve seguir com o objetivo de obter o resultado esperado.

Segundo a neurociência, aquilo que não causa estranhamento ao cérebro humano passa a sensação de equilíbrio e familiaridade, pois, desde a infância, assim como durante a alfabetização, os indivíduos estão acostumados a alinhar informações. Para os povos ocidentais, a leitura e a escrita ocorrem da esquerda para a direita, de cima para baixo. Nesse primeiro contato, iniciado nos primeiros anos de vida de um ser humano, já são desenvolvidos o senso estético e a noção de que o texto deve apresentar essas características.

Nos projetos de design de aplicativos, especificamente com relação ao texto, deve-se tomar cuidado com o alinhamento justificado, sobretudo quando se tratar de um texto muito longo, de modo a não conceber uma composição visual monótona e, assim, fazer o usuário se perder durante a leitura, pois, visualmente, não há nenhuma diferença entre uma linha e outra. É importante lembrar que, primeiramente, o ser humano visualiza e, apenas depois, lê. Contudo, isso não significa que todos os projetos de design de aplicativo devam seguir a mesma regra; ao contrário, as regras devem ser adaptadas de acordo com cada projeto.

Outra técnica de composição que pode ser aplicada ao design de aplicativos é a da **proximidade**, um dos princípios da Gestalt. A força da atração nas relações visuais desempenha papel relevante na composição. Imagine, por exemplo, que, ao abrir um aplicativo, você não encontra as informações esperadas, mas se depara apenas com um ponto isolado dentro de um quadrado. Esse ponto está relacionado com o todo, que, no caso, é o próprio quadrado (Figura 3.1, à esquerda). No próximo quadrado, mais ao centro da Figura 3.1, percebe-se que os dois pontos ali constantes estabelecem uma relação de disputa da atenção visual em razão do modo como interagem. A disposição dos pontos no quadrado central direciona o olhar ora para um ponto ora para o outro. Como estão distantes, os pontos são distintamente comparados ao quadrado que os rodeia, passando a sensação de que ambos se repelem. Já no quadrado à direita, é visível uma interação entre os pontos, regida por equilíbrio e harmonia. Portanto, quanto maior for a proximidade entre os pontos, maior será a atração, já que, visualmente, o cérebro humano agrupa esses elementos, tornando-os um conjunto.

Figura 3.1 - **Exemplos de proximidade**

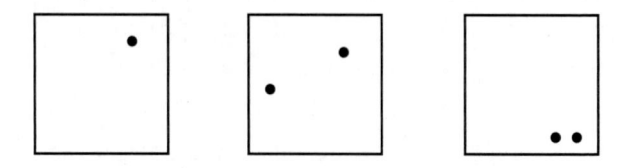

Logo, o ser humano enxerga o todo em primeiro lugar. Assim, os elementos próximos formam uma imagem, representam um desenho. A imagem é codificada pelo cérebro em um segundo momento, quando se começa a analisar os demais elementos da composição. Então, em uma tentativa de aproximar os elementos, o desenho se forma. No exemplo da Figura 3.1, o quadrado à direita passa a impressão de que há dois olhos no canto inferior direito da tela. Na prática, poderiam ser dois ícones de redes sociais, por exemplo, em um projeto de design de interface, mas é preciso ter cuidado com a percepção do usuário.

O cérebro humano sempre tenta resgatar alguma relação já presente na memória. Dessa maneira, quando da composição de interfaces, deve-se considerar o público-alvo identificado pelo departamento de *marketing* e a construção da *persona* para se ter certeza de que a composição da interface não provocará estranhamento nos usuários. É essencial, ainda, que as interfaces avaliem o modo como as pessoas leem, não somente em favor de sua localização geográfica, mas também de sua habilidade como destro ou canhoto. No caso do sistema operacional Android para *smartphones*, há um modo dedicado às pessoas canhotas, por exemplo.

3.1.1 **Contraste, repetição e geometria**

A relação entre elementos contrários é o fundamento do princípio do *contraste*. Estudiosos e designers consideram o contraste um dos principais elementos do design, pois é uma estratégia da composição que torna as peças mais dinâmicas. Dondis (2007, p. 107) aponta a importância das polaridades:

> As técnicas visuais foram ordenadas em polaridades, não só para demonstrar e acentuar a vasta gama de opções operativas possíveis na concepção e na interpretação de qualquer manifestação visual, mas também para expressar a enorme importância da técnica e do conceito de contraste em todos os meios de expressão visual [...]. Em todas as artes, o contraste é um poderoso instrumento de expressão, o meio para intensificar o significado, e, portanto, simplificar a comunicação.

O contraste pode ser aplicado em diversos elementos de uma composição visual. Assim como as formas, que podem ser circulares, quadradas ou formadas por linhas, o contraste pode estar relacionado à espessura, ao tamanho, às texturas, à profundidade, aos tons (tonalidades de uma cor em diferentes níveis), à proporção (mesmos elementos em tamanhos diferentes), à escala etc. Em uma composição visual, pode haver vários tipos de contraste. No design de aplicativos, entre outros projetos de design, devemos dar atenção ao contraste referente à legibilidade, pois, nas interfaces, não é recomendável inserir textos em fundos muito claros caso os caracteres tenham cor branca.

A técnica de repetição na composição visual também é conhecida como **redundância**. Para ser aplicada ao design de aplicativos, são necessárias conexões visuais que não se interrompam, de modo que, no fim, formem uma imagem ou um desenho unificado. Toda repetição leva o indivíduo a memorizar os elementos constituintes, seja os de um texto, seja os de uma informação, seja os de uma interface visual. A repetição precisa seguir uma geometria padrão; caso contrário, ela se torna mais um elemento similar, não repetido. Na aplicação desse fundamento ao design, em algumas situações, acontece uma confusão no uso de elementos orgânicos, que não são geométricos. Nesse caso, o não geométrico é o fundamento da repetição que foi aplicada.

3.1.2 Styling e storytelling

O *styling* é uma etapa do desenvolvimento de projetos de design cujo objetivo é tornar o produto ou aplicativo atraente para o público-alvo. Por isso, não se considera a funcionalidade ou a usabilidade da interface. Por curiosidade, esse conceito é bastante utilizado na área da moda e teve grande relevância quando da quebra da bolsa de valores, em 1929, disfarçando possíveis falhas de alguns produtos. Isso porque pode ser aplicado à renovação de um produto ou aplicativo sem que sua estrutura seja alterada.

Hoje, por exemplo, carros de diversos modelos compartilham, em uma montadora, a mesma plataforma, o que significa que sua mecânica é idêntica, mas seu exterior é completamente diferente. Assim, a indústria economiza nos processos de fabricação e manutenção, alterando somente o design exterior. Os construtores de design de aplicativos utilizam conceitos similares, adotando uma estrutura para definir *templates* que podem ser adaptados a outros aplicativos, contendo apenas certas personalizações.

O *storytelling*, por sua vez, parte do princípio de que, quando uma informação é transmitida por meio de uma história, pode ser explorada emocionalmente. O *marketing* e o design de aplicativos utilizam esse conceito para colocar em prática a estratégia de *branding*, cujo intuito é criar conexões entre a empresa e o público-alvo. Os profissionais da área de design de aplicativos estão habituados a contar histórias por meio de jogos, elaborando narrativas que atraiam seus usuários emocionalmente.

Nesse contexto, o *storytelling* pressupõe que faz parte do cotidiano das pessoas a comunicação por meio de metáforas, e não de uma linguagem técnica. Logo, a narrativa assume esse papel no design de aplicativos, tornando o usuário engajado com a experiência proposta pela ferramenta. Uma boa história prende a atenção. Desde crianças, um dos maiores prazeres é ouvir as histórias contadas pelos pais, tios, avós. Assim, o *storytelling* assume relevância como estratégia de *marketing* para aplicativos, pois as pessoas se comunicam contando histórias, meio que facilita a compreensão de informações complexas e o compartilhamento de experiências vivenciadas no dia a dia.

3.2 Mobile first

Uma das técnicas que podem ser utilizadas no desenvolvimento de aplicativos é conhecida como *mobile first*. Como os *desktops* surgiram antes dos *notebooks* e, logicamente, dos dispositivos mobile, os primeiros estudos de adaptação de conteúdo foram embasados na previsão de que um conteúdo planejado para ser visualizado em uma tela de tamanho grande seja adaptado para uma tela de tamanho pequeno. Portanto, a tarefa sempre representou um desafio, pois podem ocorrer problemas de usabilidade. O conceito de *mobile first* supõe exatamente o contrário: a adaptação de um projeto digital com telas pequenas para um dispositivo de telas grandes, como um *desktop*.

A aplicação desse conceito ganhou força com a popularização do acesso à internet por meio de dispositivos mobile, que já supera o acesso por computadores tradicionais. Atualmente, já existe uma geração de nativos digitais, que utilizam dispositivos mobile, como *tablets* e *smartphones*, desde que nasceram, e que praticamente desconhecem como utilizar um computador – em alguns casos, até *notebooks*. Para essa geração, não se faz necessária nenhuma adaptação no uso dos aplicativos dos dispositivos móveis.

O *mobile first* está fundamentado na ideia de que, quando da criação de um projeto digital, como o design de interface mobile de aplicativos, deve-se, primeiramente, prever que seu uso seja para *smartphones*, cujas telas são pequenas. Essa ideia faz com que o *layout* focalize as principais tarefas que devem ser executadas pelos usuários na interface, assim, os conteúdos não relevantes são naturalmente descartados. Ao contrário do que acontece, por exemplo, quando um site é planejado para telas grandes, uma vez que nele se busca inserir o máximo de conteúdo possível. Em alguns casos, é previsto que tarefas secundárias só estejam disponíveis na versão *desktop* do projeto. Essa técnica estimula a inovação no design de interfaces, direcionando o foco apenas para as tarefas centrais.

No momento em que os fundamentos de *mobile first* são aplicados em conjunto com as soluções de *layout*, alguns recursos podem não ser atendidos em todos os dispositivos que acessam o projeto digital. Para tanto, é necessário que ajustes sejam desenvolvidos de acordo com a experiência que se deseja propor em cada dispositivo móvel. O mercado de tecnologia de *tablets* e, principalmente, o de *smartphones* estão bem aquecidos, vários lançamentos surgem em um curto período. Nesse sentido, uma das funções do design é a de organizar os elementos dispostos em um *layout*, cujo objetivo não difere do de design de aplicativos, pois a organização da interface faz parte da usabilidade, tornando mais fácil a navegação, e, para isso, são utilizados alguns fundamentos do web design. Com relação à organização, Wroblewski (2011, p. 26, tradução nossa, grifo nosso) aponta que se deve:

Procurar manter rotulagem clara, modelos mentais adequados e a amplitude e a profundidade do website equilibradas: diz respeito a manter a organização, o destaque de palavras-chave, os procedimentos adequados ao usuário para realizar as tarefas e a profundidade esperada de páginas e links, pois páginas muito profundas podem desencorajar os visitantes.

Alinhar com a forma como as pessoas usam seus dispositivos móveis e o porquê: deve-se pensar em como os recursos e o conteúdo do website podem ser úteis para as pessoas onde elas estiverem, pensando no contexto de uso destes visitantes. Aquilo que não está de acordo com este uso deve ser retirado.

O conteúdo precede a navegação: o usuário quer respostas imediatas para suas necessidades e não o mapa do site. Deve-se reduzir a quantidade de opções de navegação, mantendo o foco nas tarefas-chave que as pessoas precisam alcançar.

Fornecer opções relevantes para exploração e descoberta: apesar de parecer o oposto do item anterior, aqui não está sendo defendido o uso de pilhas de barras de navegação que acabam por obscurecer o conteúdo. As opções de navegação devem ser relevantes e estar bem-posicionadas permitindo que as pessoas mergulhem mais profundamente, ou seja, que sejam convencidas a explorar outras partes do site.

Manter clareza e foco: nos dispositivos móveis, as pessoas geralmente são apenas um olho e um polegar, suscetível a interrupções, sendo assim, de acordo com o contexto de uso do dispositivo, precisam de designs que sejam claros e direcionados a tarefas específicas, não um amontoado de opções de navegação.

As questões relacionadas à interface são importantes, mas é preciso considerar como é o processo de interação nos dispositivos como *tablets* e *smartphones*, já que, em *notebooks* e computadores, a interação ocorre por meio do uso do mouse. Nos websites para versão *desktop*, por exemplo, ao passar em cima de um botão com programação HTML e CSS, é possível inserir algumas funções, como mudar a cor ou destacar alguma outra forma. Esse recurso tem o objetivo de diferenciar um elemento dos outros que compõem o *layout* do site. Já na versão para os dispositivos mobile, a função de "passar por cima de um botão", denominada *hover*, inexiste, pois a interação é feita por meio do *touchscreen* (toque na tela). Assim, esse é outro aspecto deve ser planejado quando são utilizadas as técnicas de *mobile first*.

No que se refere à interação, é preciso planejar vários fatores quanto ao tamanho da tela dos dispositivos *mobile*, tendo em vista que os botões são acessados pelos toques dos dedos. Embora existam mouses de diversos formatos, o tamanho do ponteiro que interage com a interface é o mesmo. Os dedos, por outro lado, não têm a mesma precisão do mouse. O tamanho do ponteiro do mouse, dependendo da interação executada, é definido pelo sistema operacional em que é visualizado o aplicativo, o que não ocorre com o tamanho dos dedos das pessoas, que não são padronizados. Cada pessoa tem certas características físicas, que são influenciadas por diversos fatores, como idade. Os dedos de uma criança, por exemplo, têm dimensões diferentes das do dedo de um adulto.

No que diz respeito à interação, aspectos culturais e físicos devem ser ponderados no processo de planejamento de um projeto de design de aplicativos, como o sentido da leitura, no caso dos ocidentais. Com essas informações, é possível planejar o posicionamento dos elementos interativos da interface: por exemplo, grande parte dos usuários utiliza a mão direita e o polegar em um *smartphone*. Diante disso, é importante otimizar a interface para que as ações previstas no design de interfaces mobile estejam acessíveis ao polegar direito.

No planejamento da interface, as principais ações, também conhecidas como *primárias*, devem estar dispostas na parte central ou inferior da tela e organizadas da esquerda para a direita. Dificilmente, essa mesma solução será empregada em uma interface visualizada em tela grande, cuja interação ocorre pelo uso do mouse, como é o caso de sites acessados em *notebooks* e computadores.

Depois de planejadas as ações primárias, a próxima etapa é pensar nas tarefas relacionadas à exclusão ou ao cancelamento, denominadas *ações destrutivas*. Um exemplo disso é o botão de remover um produto do carrinho em um aplicativo de compras. As ações destrutivas devem estar dispostas na interface mobile fora da área considerada zona de conforto – ou seja, de fácil acesso ao toque dos dedos –, evitando, assim, o cancelamento de determinado serviço ou a exclusão de um produto de forma involuntária. Normalmente, nos dispositivos móveis, a área fora da zona de conforto se localiza no campo superior esquerdo da tela, tendo sido assim determinada pelo fato de que, para o dedo alcançar essa região, é necessário um estiramento do polegar direito a fim de realizar o toque; logo, não é indicado inserir botões ou quaisquer elementos de interação nesse campo.

Além dos toques nas versões dos aplicativos para navegadores web ou para dispositivos móveis, existe um padrão universal de gestos que, embora seja bastante desconhecido, é utilizado nos conceitos do HTML5. Dessa forma, é preciso considerar que, além do toque na interface, a interação pode ocorrer por gestos. Antes dos *smartphones* se tornarem populares, alguns usuários tinham dificuldades para se familiarizar com os gestos exigidos pelo mobile. Já os nativos digitais utilizam os gestos de maneira natural, sendo-lhes mais difícil interagir com as interfaces de *desktop*.

Os gestos, para serem funcionais durante a interação, devem ser de fácil entendimento a fim de que o usuário possa detectar a relação entre determinado gesto e sua resposta interativa. Ao se utilizar gestos na interação, é indicado apresentar dicas de como empregar certos recursos e atalhos, como ampliar ou reduzir o *zoom* de uma página. Se necessário, é recomendado elaborar pequenas animações ou vídeos, demonstrando a ação que determinado gesto executa. O ideal é que a interface seja totalmente intuitiva, descartando a necessidade de leitura de manuais e a visualização de vídeos, pois isso prejudica a satisfação do usuário. Nesse sentido, todos os aspectos de interação devem ser planejados no design de interfaces para mobile.

As interações de ações dos eventos *hover*, utilizando as técnicas de *mobile first*, podem ser substituídas por outras soluções que sejam de fácil adaptação e entendimento, de acordo com as características de dispositivos móveis, com a previsão de que a interação ocorre via *touchscreen*. Alguns profissionais, em casos extremos, utilizam a abertura de uma tela secundária para a substituição do evento *hover*. Mas, como essa interação se relaciona à ação de passar o mouse por cima do botão, cabe refletir se inserir uma tela secundária é algo oportuno. Ainda, é fundamental avaliar como ocorre a interação em dispositivos que não utilizam mouse e *touchscreen*, como acontece quando o acesso de um aplicativo é feito por meio de uma *Smart TV*, por exemplo. Nesse caso, as funções do mouse e do *touchscreen* são substituídas pelas do controle remoto. A maioria das *smart* TVs pode ser controlada por aplicativos, e, por isso, essa é uma área que não deve ser desconsiderada.

3.3 **Design thinking**

O profissional de design de aplicativos pode auxiliar uma empresa de várias maneiras quanto à sua comunicação *on-line*. Isso pode ocorrer não só com os aspectos técnicos da produção de interfaces e com os elementos do design visual, como a tipografia, o grafismo, as cores etc., mas, igualmente, com certos componentes que devem ser constituídos harmonicamente em uma interface, uma vez que são itens que impactam a experiência do usuário com um produto ou aplicativo. A área do design capaz de modificar a maneira com que as empresas desenvolvem produtos, serviços, processos e estratégias é denominada *design thinking*, que une os desejos dos usuários às técnicas economicamente viáveis, sendo, ainda, um meio de auxiliar a comunicação *on-line* de uma empresa.

O *design thinking* corresponde a um conjunto de métodos e processos que visa abordar problemas relacionados às futuras aquisições de informações, à análise de conhecimento e às propostas de soluções. A terminologia *design thinking* vêm sendo muito utilizada quando o assunto é *startup*, área em que o design de aplicativos tem forte atuação. Os aplicativos de *delivery* e de transportes, como, respectivamente, Ifood e Uber, são *startups* baseadas em aplicativos.

O estudo do *design thinking* propõe alguns fundamentos que auxiliam a compreensão de sua aplicação nos projetos, quais sejam:

- redefinir o problema;
- abraçar as diferenças;
- compreender os valores humanos;
- aplicar os valores humanos;
- otimizar.

Para **redefinir um problema**, é preciso pensar na comunicação *on-line* da empresa de maneira abrangente, pois, com base nesse olhar amplo, é possível identificar o real problema em curso.

Abraçar as diferenças refere se ao fato de que o profissional de design de aplicativos pode agregar pessoas de áreas distintas a seus projetos, com o propósito de chegar a outras soluções para a comunicação, visto que tais profissionais podem ter perspectivas particulares sobre os assuntos em pauta.

O fundamento de **compreender os valores humanos** está relacionado à pesquisa, ao modo de abordar consumidores com acesso às comunicações. Talvez, por meio de uma entrevista, seja possível depreender o que os consumidores pensam, sentem, falam e fazem ao recorrer a uma comunicação *on-line*.

Aplicar os valores humanos é um princípio que trata da compreensão dos valores de cada usuário, de modo a transformá-los em algo palpável, isto é, materializá-los na comunicação. Essa iniciativa é capaz de transformar as conexões entre a empresa e seu público, promovendo engajamento emocional.

Por fim, **otimizar** visa estabelecer, na comunicação a curto prazo e da maneira mais rápida possível, ideias do design de aplicativos, com o intuito de chegar a um ótimo resultado.

Esses fundamentos são importantes no estudo do *design thinking*, e podem ser utilizados para estabelecer padrões e tendências digitais, podendo ser empregados nos diversos projetos de design de aplicativos.

É impossível tratar de *design thinking* sem mencionar Tim Brown, designer inglês fundador da IDEO, empresa de consultoria de inovação e criatividade com escritórios na Alemanha, na China, na Inglaterra, no Japão e nos Estados Unidos. Brown é um dos principais idealizadores do *design thinking*, conforme ele mesmo explica: "O *design thinking* representa o próximo passo, que é colocar essas ferramentas nas mãos de pessoas que talvez nunca tenham pensado em si mesmas como designers e aplicá-las a uma variedade muito mais ampla de problemas" (Brown, 2010, p. 3).

No desenvolvimento do design de aplicativos, o *briefing* estabelece o necessário para que o projeto seja bem-sucedido. Logo em seguida, a etapa de pesquisa faz um levantamento de elementos e realiza entrevistas com os possíveis usuários, buscando identificar, também, eventuais problemas futuros. A etapa seguinte serve à proliferação de novas ideias, talvez obtida por meio de *brainstorming*. A partir daí, os testes de protótipos devem estar disponíveis para ser analisados por um grupo de usuários e *stakeholders* (acionistas), a fim de se alcançar o aplicativo final com a aprovação desses usuários.

Para que o *design thinking* seja eficaz, é preciso, primeiramente, identificar o problema e os usuários, reunindo todos os tipos de informações possíveis. Essa é a etapa de *briefing* – ou seja, é o momento de coletar informações e dados para que o desenvolvimento do aplicativo se torne possível. Segundo Ambrose e Harris (2011, p. 12), "A seleção trata das soluções propostas analisadas em relação ao objetivo de *design* do briefing. Algumas soluções podem ser viáveis, mas não as melhores. A implementação trata do desenvolvimento do *design* e de sua entrega final ao cliente".

Somente com a aprovação dos usuários, é possível ter a certeza de que o objetivo inicial do *briefing* foi atingido. Vale lembrar que, às vezes, os usuários não sabem o que querem, até que lhes seja apresentado o aplicativo. Portanto, o *design thinking* revoluciona a maneira de pensar por meio de um processo que abrange diferentes etapas – empatia, definição, idealização, protótipo e teste –, sem que ocorram falhas no desenvolvimento do produto ou do serviço.

3.3.1 Ferramentas de criatividade

Existem ferramentas que nos auxiliam a ter inspirações para o *design thinking* e que estão atreladas às técnicas de criatividade. O cérebro sempre foi um assunto de interesse de cientistas e pesquisadores. Até pouco tempo atrás, sabíamos apenas algumas coisas sobre as funcionalidades desse órgão. Apesar de vastamente descrito na literatura, o cérebro só foi estudado e entendido com mais profundidade na História Moderna. Segundo Souza (2021),

> O cérebro é o órgão mais complexo do organismo, situando-se na fronteira da Biologia e da Psicologia. Ao mesmo tempo que é o centro controlador de todos os outros órgãos do corpo, possui funções mentais superiores que definem as características básicas do homem. Por isto surgem muitas dificuldades na definição de suas estruturas e respectivas junções. Devido à natureza da maioria das descobertas das últimas décadas, o conhecimento atual da função cerebral está sob grande influência estruturalista.

Existem algumas técnicas e metodologias desenvolvidas por especialistas para aguçar e melhorar a criatividade, bem como para implementar uma gestão de inovação, as quais, facilmente, podem ser utilizadas no desenvolvimento de interfaces de aplicativos mobile. Conforme Buchele et al. (2015, p. 8):

> Os métodos, técnicas e ferramentas para inovação são os meios fundamentais para aumentar a competitividade e podem ser definidos como o conjunto de métodos, técnicas e ferramentas que suportam o processo de inovação nas empresas, ajudando-as de forma sistemática para atender novos desafios do mercado.

Em geral, as ferramentas de geração de ideias são destinadas ou a grupos de pessoas que trabalham juntas ou a indivíduos de vários lugares que participam de um grupo heterogêneo. Portanto, as ferramentas de criatividade normalmente são utilizadas em grupos. Uma das principais técnicas é a de *brainstorming* (em português, "tempestade de ideias"), que, inicialmente, foi proposta pelo publicitário estadunidense Alex Faickney Osborn (1888-1966), em 1939, mas publicada apenas em 1953. De acordo com Buchele et al. (2015, p. 9), Osborn argumentava que o MTF-I (método, técnica e ferramenta) "aumenta a qualidade e a quantidade das ideias geradas pelos membros do grupo". A geração de ideias é apenas uma fase de um processo que envolve criatividade e inovação. São inúmeras as empresas que consideram essa ferramenta a mais eficaz para tal propósito. Mazzotti, Broega e Gomes (2012, p. 2.981, tradução nossa) explicam:

> A técnica de *brainstorming* é utilizada com a finalidade de gerar o maior número de ideias possíveis acerca de um determinado tema ou questão. O exercício tradicional propõe que um grupo de pessoas, preferencialmente de áreas e competências diferentes, se reúnam a fim de colaborar para uma "tempestade de ideias", onde as diferenças e experiências de cada uma, somadas e associadas às dos outros, formem um longo processo de sugestões e discussões.

Cansado das mesmices das campanhas publicitárias de seus colaboradores, Osborn (1987) afirmava que a quantidade de ideias também era primordial para a inovação. O publicitário dizia que, por meio da sabedoria da ideação abundante, era necessário considerar mesmo as ideias mais malucas, sem nenhum pré-julgamento. O pensamento lateral faz parte da técnica de *brainstorming*.

3.4 Importância das imagens no design de aplicativos

Nos projetos de design de aplicativos, as ilustrações podem ser desenvolvidas de duas formas: imagem em bitmap e imagem vetorial.

Conhecidas, também, pelo termo *gráfico varredura* (*raster graphics*), as **imagens em bitmap** ("mapa de bits") são constituídas por um conjunto de *pixels* e, normalmente, correspondem a fotografias ou ilustrações com um alto grau de realismo. No momento em que esse tipo de imagem é ampliado, sua qualidade é perdida. Os *pixels* da imagem bitmap são como seu DNA. O *pixel* é a menor unidade visível em uma imagem em bitmap e guarda as informações de cor, luz e sombra. Para visualizar um *pixel*, basta ampliar qualquer imagem bitmap em um programa de edição de imagens, como o Photoshop. Aplicado o máximo de *zoom* permitido, é possível visualizar vários quadrados, cada um constitui um *pixel*.

Já as **imagens vetoriais** são constituídas por formas geométricas – linhas, curvas, círculos, quadrados etc. Quando são ampliadas, os *software*s recalculam suas dimensões sem prejudicar sua qualidade, pois não é necessário armazenar as informações de cada *pixel*, assim, o tamanho do arquivo é menor do que o de uma imagem em bitmap. A manipulação das imagens em bitmap é feita pela edição de *pixels* em *software*s de edição de imagens, ao passo que a edição e a manipulação de imagens vetoriais são feitas por meio da edição das formas geométricas, com o uso de programas de edição vetorial, como o Illustrator.

No desenvolvimento de design de aplicativos, é importante conhecer os modos de cores que devem ser aplicados, porque as imagens impressas são constituídas pelo modo de cor CMYK; e as imagens para projetos digitais são formadas pelo modo de cor RGB. O modo de cor CMYK é representado pelas seguintes cores: C = *cyan* (ciano); M = *magenta*; Y = *yellow* (amarelo); e K = *black* (preto). Para designar a cor preta, foi utilizada a letra K a fim de que não houvesse uma possível confusão com a letra B, de *blue*, que poderia representar a cor azul. No modo de cor RGB, as cores são: R = *red* (vermelho), G=*green* (verde) e B=*blue* (azul). A partir dessa paleta, é possível criar todas as outras, tanto para imagens impressas quanto para imagens digitais.

As cores CMYK correspondem a pigmentos de tinta impressos em suportes físicos. Já as cores RGB são consideradas sem luz, porque, para serem visualizadas, precisam de dispositivos que emitam luz, como os diversos tipos de telas de *smartphones* e de *tablets*, logo, é fácil pressupor que esse é o modo de cor que deve ser utilizado no design de aplicativos. Se observarmos a composição das cores em RGB, veremos que não há a cor preta, porque ela significa ausência de luz. Uma evidência disso é o fato de, quando estamos em uma sala de estar com a luz apagada, podemos assistir à televisão sem nenhum problema, já que o aparelho emite luz. Por outro lado, com a luz apagada, não conseguimos ler um livro ou uma revista, porque o papel não emite luz, apenas a reflete.

Portanto, a cor preta, no modo RGB, é constituída com a ausência de luz. No modo CMYK, por sua vez, essa cor pode ser formada com a adição de todas as demais. Na mídia impressa, o preto é muito utilizado na impressão dos textos, que, geralmente, têm espessuras bem finas. Misturar três cores para imprimir uma pequena área pode resultar em problemas de registro, que é a ocorrência de falhas de impressão. Por esse motivo, na impressão, a cor preta não é formada por outras cores. Com os modos de cores CMYK e RGB, é possível obter todas as cores.

O dimensionamento correto das imagens, de acordo com a mídia utilizada e a resolução necessária, é um fator relevante para o desenvolvimento de projetos para mídia impressa ou digital. A resolução correta para o uso impresso é de 300 ppi, ao passo que, para a mídia digital, como o design de aplicativos e games, 72 dpi é suficiente. Deve-se tomar cuidado, porque não se pode utilizar uma imagem em 72 dpi para peças que serão impressas. Caso seja preciso utilizar uma imagem que esteja em 72 dpi, é necessário, primeiramente, converter para 300 dpi, executando o procedimento de interpolação de imagem, disponível na caixa de diálogo *Image Size* do *software* Photoshop. Para executar essa ação, ao abrir a caixa de diálogo, é preciso desmarcar a opção *Resample Image* e, em seguida, no campo *Resolution*, inserir o valor 300.

No dimensionamento de uma imagem em bitmap para fins impressos, deve-se tomar cuidado para não aumentar seu tamanho quando for inserida no *software* de montagem de *layout*, como o Illustrator. Esse cuidado está relacionado ao fato de que, ao ser aumentada, a imagem pode perder qualidade, já que é formada por *pixels*. No entanto, não há problema em diminuir o tamanho de uma imagem para esse mesmo fim.

No design de aplicativos, além de conhecer os construtores destinados ao desenvolvimento de apps ou games, é importante dominar os *software*s de edição de imagens bitmap e vetorial, visto que os construtores servem para finalizar os aplicativos, mas as imagens são manipuladas, editadas e construídas em outros *software*s. Para esse objetivo, basicamente, são utilizados dois *software*s, de acordo com o tipo de arquivo e de imagem que será desenvolvido. Para editar imagens vetoriais, o *software* mais utilizado é o Illustrator. Para edição de bitmap, um exemplo é o Photoshop, *software* da Adobe específico para tratamento, edição e manipulação de imagens bitmap. Sua área de trabalho é basicamente composta por três painéis e informações sobre o arquivo, como *zoom* e cor (Adobe Creative Team, 2009).

O Photoshop suporta quase todos os tipos de arquivos em bitmap, como as extensões BMP, GIF, JPG, PNG, TIFF e até PDF, bem como arquivos de imagens em vetor do Illustrator nas extensões AI e EPS. Mas, atenção: quando um arquivo é aberto no Photoshop, passa a ter características de bitmap, não mais de vetor. No programa Illustrator, também da Adobe, há um *software* de edição gráfica vetorial que disponibiliza recursos que favorecem a criação de arte, desenho e ilustração.

3.4.1 *Softwares* de tratamento de imagens bitmap e vetorial

Os *softwares* de tratamento de imagens bitmaps mais conhecidos são Gimp, PhaseOne, Capture One Pro, PhotoScape, Adobe Photoshop (o mais utilizado) e Lightroom, que é mais específico para tratamento de imagens em massa e também integra o pacote Adobe. No Photoshop, há uma barra de propriedades dinâmica, que, de acordo com a ferramenta utilizada, posiciona-se na parte superior da tela (Figura 3.2).

Figura 3.2 – **Barra de propriedades do Photoshop com a ferramenta de seleção ativa**

Outro recurso extremamente importante é o painel de camadas, também conhecido como *layers*, cuja função é realizar tarefas como a composição de várias imagens; a inserção de texto, filtros e ajustes variados; e a divisão em *layers*. Permite, ainda, alterar pontos específicos da arte sem comprometer outros pontos. Os construtores de aplicativos podem ser utilizados para a construção de *layouts*, mas os *wireframes* podem, igualmente, ser desenvolvidos com os *softwares* utilizados no desenvolvimento e na criação de vetor. Corel Draw, Inkscape e, o mais usado, Adobe Illustrator exemplificam essa atividade.

A área de trabalho do Adobe Illustrator é dividida em barra de menu, barra de propriedades, barra de ferramentas, área de trabalho, painel de controle e painéis de acesso rápido. No Illustrator, é possível utilizar o menu de contexto, que pode ser acessado em vários momentos da edição, com o auxílio do botão direito do mouse. Seu uso está aliado ao aumento da produtividade, porque é possível acessar os menus de acordo com o contexto da ferramenta que está sendo utilizada. Se não houver objetos selecionados dentro da janela de edição no momento do clique, o Illustrator disponibilizará comandos genéricos, como desfazer, refazer, opções de *zoom*, mostrar e ocultar réguas e guias, entre outros.

3.5 Planejamento de design de aplicativos

O planejamento de design de aplicativos é essencial para que todas as etapas sejam desenvolvidas com o menor risco possível de eventualidades. Em alguns casos, os profissionais da área de design de aplicativos são os responsáveis não somente por gerenciar as etapas relacionadas à identidade visual, à interface do usuário, mas também todo o processo de desenvolvimento do projeto. Para isso, é importante o conhecimento de gestão de projetos, noções administrativas, bem como de habilidades e técnicas para a estruturação de funções referentes a um conjunto de objetivos predefinidos em determinado prazo, atentando-se sempre para o custo e a qualidade, mediante recursos técnicos e de pessoal.

Para elaborar um planejamento de projeto de design de aplicativos com eficiência, é necessário que todos os profissionais disponibilizem tempo e estejam empenhados, não somente o gestor. De modo a auxiliar o dia a dia, também cabe procurar recursos que concentrem todas as informações, como dados e, até mesmo, ferramentas que facilitam incluir ideias que surjam no desenvolvimento do projeto e possam ser compartilhadas com toda a equipe.

As ferramentas mais comuns no planejamento de projetos de design de aplicativos são voltadas à organização das etapas do trabalho: controles em planilhas; uso de pastas de colaboração pelos membros da equipe; todos os documentos relacionados aos projetos. Se o planejamento for compartilhado e manipulado por todos os membros, há o risco de perda ou de corrupção de tais documentos. Dessa maneira, fica difícil limitar e controlar os documentos que devem e podem ser acessados pelos membros da equipe. Desenvolver o planejamento de projetos de design de aplicativos com recursos que não são adequados transmite a ideia de amadorismo na gestão. Isso influencia o modo como o planejamento é visto pelos colaboradores que atuam no projeto, bem como pelos clientes, porque, na maioria das vezes, os clientes acompanham o desenvolvimento do projeto, acessando as informações disponibilizadas pelo gestor.

Por isso, é importante utilizar plataformas de gestão *on-line*. O planejamento de projetos de design de aplicativos não pode ser desempenhado com acúmulo de papéis, falhas ou falta de comunicação da equipe e controle fragmentado de informações. As inovações tecnológicas proporcionaram um número amplo de ferramentas de gestão de projetos para facilitar o gerenciamento, o planejamento e o processo de execução e documentação de um projeto. Conhecidas como *plataformas de gestão de projetos on-line*, são cruciais para lidar com as atividades e acompanhar o cronograma de tarefas e o desenvolvimento do projeto. Nessas plataformas, é necessário organizar a coleta de informações para uma gestão que seja, de fato, eficaz.

Gorodenkoff/Shutterstock

CAPÍTULO 4

DESIGN DE APLICATIVOS PARA ANDROID E IOS

Para desenvolver design de aplicativos – seja para a plataforma Android, da Google, seja para a iOS, da Apple –, é fundamental, primeiramente, conhecer as noções básicas de *Architecture Information* (AI, em português, "arquitetura da informação"), *User Experience* (UX, em português, "experiência do usuário"), e *User Interface* (UI, em português, "interface do usuário").

No cotidiano, as pessoas deparam-se com uma enorme quantidade organizada de informações em aplicativos e sites da internet, o que somente é possível em razão da AI, que estuda como são dispostos os conteúdos em uma interface de modo a facilitar a compreensão do usuário.

Em um projeto de design de interface, o planejamento da AI costumar ser bem prático. Para iniciá-lo, porém, noções de UX e de UI são essenciais. Segundo Garrett (2003, citado por Grilo, 2016), o processo de experiência do usuário é constituído por cinco camadas, cujas sobreposições vão de um nível mais abstrato a um mais concreto:

1. **Estratégia**: diz respeito ao que esperamos para o produto (*website*, sistema, aplicativo), mas não apenas aquilo que queremos, mas o que os usuários desejam.
2. **Escopo**: levantamento de requisitos e especificações de funcionalidades e qualidades que o produto deve ter e como o projeto será conduzido.
3. **Estrutura**: Como o conteúdo deverá ser organizado? O que é menos e o que é mais importante a ser exibido e encontrado pelos usuários? Como encaixar isso nas capacidades e limitações técnicas, mercadológicas e de usabilidade do produto?

4. **Esqueleto**: é o momento em que se desenha a organização dos elementos que constituirão a interface, os seus componentes – inclusive pensando quais os tipos de componentes mais adequados para exibir as informações e habilitar funcionalidades para os usuários.
5. **Superfície**: é a interface final, aquilo que o consumidor, cliente, usuário, terá diante de si e com a qual vai interagir.

O planejamento da AI está intimamente ligado à UX. Dessa maneira, muitas características emocionais abstratas devem ser ponderadas antes mesmo de iniciarmos a concepção de uma interface. São esses aspectos que gastam a maior parte do tempo de planejamento de um projeto, pois é preciso ter a certeza de que a ideia e a estratégia de disposição do conteúdo do projeto funcionam. A AI se responsabiliza por aspectos mais técnicos: se o projeto apresenta boa navegação; se responde às solicitações do usuário que interage com sua interface. Nessa etapa, o designer utiliza recursos e técnicas, como o HTML5, para construir a AI necessária a um aplicativo, sistema, website etc.

Com os avanços tecnológicos, é importante que os departamentos de *marketing* e design de aplicativos mobile estejam antenados e sintonizados nessas inovações. Ainda, é preciso avaliar o perfil do novo consumidor, que tem como característica, no ato da compra ou de baixar um aplicativo, julgar fatores que, antes, passavam despercebidos, como:

- pesquisar previamente a reputação da empresa que desenvolve o produto, o serviço ou o aplicativo;

- buscar informações de como a empresa se comporta na sociedade – por exemplo, seu envolvimento com causas ambientais e sociais;
- verificar se os processos subjacentes aos produtos, serviços e aplicativos mantêm práticas sustentáveis.

A internet também motivou mudanças comportamentais do consumidor, visto que, por meio da interface do usuário, uma grande quantidade de informações pôde chegar de maneira rápida e facilitada.

As interfaces desenvolvidas pelos profissionais de design de aplicativos precisam contemplar a criatividade e devem aliar-se a uma estratégia de *marketing*, com o objetivo de tornar o comportamento do consumidor digital favorável à aquisição do produto ofertado. O novo consumidor é muito mais exigente, de modo que, se forem encontradas quaisquer dificuldades, buscará, em questão de segundos, produtos alternativos e, facilmente, encontrará os concorrentes. Nesse sentido, utilizar o campo de buscas das lojas dos aplicativos dos sistemas operacionais, como a Google Play e a Apple Store, é uma estratégia que indica games e aplicativos similares aos da busca executada.

Portanto, é necessário entender o comportamento do consumidor digital e o modo como são executadas suas ações na internet, tornando a coleta de informações algo de importância fundamental para o departamento de *marketing*, que, com isso, pode transmitir aos profissionais de design de aplicativos as demandas dos consumidores. Assim, devem ser desenvolvidos aplicativos bem atrativos, para que os consumidores os utilizem pelo tempo máximo, resultando em uma boa experiência e, consequentemente, na aquisição do produto e/ou na execução de seu *download*.

O uso das tecnologias digitais possibilita novas maneiras de o consumidor relacionar-se com as empresas e seus produtos. A depender do tipo de produto, o consumidor pode experimentar e interagir antes mesmo da aquisição. No design de interfaces para mobile de games, por exemplo, é possível disponibilizar uma versão gratuita com todas as funções do aplicativo por determinado tempo a fim de que o jogador possa experimentar o game.

4.1 Padronização do design de aplicativos

A padronização do design de aplicativos – também conhecido, tecnicamente, como *sistema de design* – facilita a uniformização dos aplicativos, pois corresponde à etapa na qual se levantam as descrições, as informações e todos os elementos necessários ao desenvolvimento de um aplicativo a partir da coleta de dados *on-line* ou física. Com base nesse conjunto, é possível descrever a padronização de todos os elementos constantes em um projeto, viabilizando a aplicação de padrões em diferentes planejamentos de design, tanto para uso gráfico quanto digital, bem como a manutenção da mesma identidade visual em diferentes aplicações. Por exemplo, o cartão de visitas de uma empresa; todo o seu material gráfico de papelaria, como papel timbrado e envelopes; e todos os seus materiais promocionais, como canetas, chaveiros, camisetas e brindes personalizados, podem apresentar a mesma identidade visual, desde que sejam adaptados os projetos de design digital da empresa – site, aplicativos, ou seja, o sistema de design como um todo.

Na prática, os profissionais de design gráfico estão acostumados a trabalhar com um manual de identidade visual, cujos elementos como grades, formas, tipografias, iconografias, cores, símbolos etc. estão padronizados. Um exemplo prático de padrão em projeto de design é o das interfaces dos *softwares* do pacote Office, da Microsoft: todos são da mesma linha e seguem uma padronização de interface, embora tenham funções específicas e, em alguns casos, totalmente distintas.

Essa uniformidade da identidade visual depende de que seja desenvolvido um sistema de design que mantenha as mesmas referências em todos os *softwares* de um pacote e naqueles a serem lançados. Além de facilitar o trabalho dos desenvolvedores de *softwares*, tantos os da área da AI quanto os da de design, o sistema auxilia os usuários nas questões de usabilidade, pois promove a identificação de recursos-padrão de um pacote de *softwares*. No Pacote Office, de modo geral, todos os componentes têm a função de salvar e abrir arquivos e seguem um padrão de formatação de ícones, cores e localização – ou seja, mantêm a mesma identidade visual.

As lojas de aplicativos disponibilizam seus sistemas de design, que são compartilhados com os desenvolvedores com o fito de que sejam desenvolvidos aplicativos que mantenham a harmonia e as experiências coesas e confortáveis na navegação em seus sistemas operacionais. Seguir as diretrizes desses sistemas operacionais, em alguns casos, é uma obrigatoriedade para que o aplicativo possa ser disponibilizado na respectiva loja de aplicativos, principalmente se forem destinados aos *smartphones* da Apple, com sistema operacional iOS. Outras padronizações são apenas recomendações: caso não sejam seguidas, não há uma influência na aprovação do aplicativo na loja virtual.

Assim, de certa forma, o design de um aplicativo acaba sendo influenciado pelo sistema operacional no qual vai rodar. Algumas empresas têm seus próprios sistemas de design, como:

- Apple HIG;
- Google Material Design;
- Microsoft Fluent Design;
- IBM Carbon Design System;
- Salesforce Lightning;
- SAP Fiori;
- Canonical Vanilla Design.

Mantendo o sistema de design de acordo com o sistema operacional, é possível identificar as diferenças visuais de um mesmo aplicativo instalado em um *smartphone* da Apple, com sistema operacional iOS, e em um *smartphone* com sistema operacional Android. Visando à padronização, algumas empresas disponibilizam bibliotecas e *frameworks* para *desktop* e mobile, pois, para as grandes empresas desenvolvedoras, é interessante que seu padrão seja seguido. Assim, os usuários assimilam os aplicativos disponíveis em seus sistemas mais facilmente.

O Twitter, o Bootstrap, o Google Material Library e o Microsoft UI Fabric são exemplos de *frameworks* e bibliotecas cuja documentação está disponível para ser utilizada em aplicativos. Existem, ainda, outras bibliotecas, como a React UWP (Fluent Design), a Materialize (Material Design), a Material UI (Material Design), a Ratchet (Apple Guidelines iOS) e a Semantic UI (inspirada na Apple e na Material Design). São inúmeras as vantagens de se utilizar um sistema ou uma biblioteca que estejam prontos, mas podemos destacar, como principais, a facilidade de desenvolvimento e a manutenção da satisfação do usuário por meio de um visual conhecido.

Para manter a uniformidade, algumas diretrizes tornaram-se obrigatórias antes de inserir um aplicativo nas lojas. A Google, por exemplo, já há algum tempo, adotou em suas políticas que todos os ícones dos aplicativos de sua loja devem ter um formato unificado. A ideia é que, nas telas dos *smartphones* que rodam seu sistema operacional, o Android, os ícones mantenham o mesmo padrão, conhecido como *squircle* (em português, "quadrado com cantos arredondados"). Caso os aplicativos não tenham esse formato, a Google não permite que seus *uploads* sejam feitos para a loja, o que garante um sistema de design unificado para os sistemas operacionais Android e ChromeOS.

Seguindo à risca as diretrizes de padronização das *guidelines* propostas pela Google – que estão disponíveis em seu sistema de design, o Material Design –, o intuito de promover uma padronização ultrapassa aspectos visuais, incluindo a interação. Caso sejam seguidos os padrões visuais de espaçamento e tipografia no momento de exibição de listas (por exemplo, se todos os aplicativos disponíveis da loja dispuserem do *Floating Action Button* no canto direito e do mesmo tipo de botão para as ações secundárias no *header*), a identidade visual será associada a todos os aplicativos compatíveis com os sistemas operacionais Android e ChromeOS. Desse modo, o papel do design de aplicativos se torna ainda mais relevante no desenvolvimento de um projeto, pois, com base nessas diretrizes, é necessário criatividade para diferenciar um aplicativo dos demais.

Verificam-se vantagens e desvantagens na utilização das *guidelines* sugeridas pelos sistemas operacionais. Um dos aspectos positivos é a questão da familiaridade: o usuário se acostuma a utilizar os aplicativos nativos de determinado sistema operacional. Assim, se forem instalados apenas aplicativos que seguem um padrão determinado, o usuário pode entendê-los mais facilmente. Esse aspecto está relacionado à satisfação do usuário, à usabilidade do aplicativo e, principalmente, aos padrões de interatividade que tornam a operação do aplicativo intuitiva, pois similar a outros produtos da Google. Por outro lado, uma desvantagem é que o usuário pode sofrer uma confusão visual, tamanha a similaridade entre os aplicativos, tornando difícil a identificação do aplicativo em uso, principalmente quando alternar de um aplicativo para outro. Se um aplicativo apresenta uma identidade visual única, o usuário, de imediato, consegue identificá-lo, mas é preciso ter cuidado para que não sejam desenvolvidas interfaces contrastantes sem um visual agradável, com cores excessivamente vibrantes, por exemplo.

Logo, é importante manter o equilíbrio quanto às diretrizes fornecidas pelas lojas virtuais, visto que, para estudantes e profissionais em início de carreira, a opção de recorrer ao *bootstrap*, copiando e colando elementos para montar uma interface, é, de certa forma, recomendada. Isso deve ser feito, sobretudo, nos primeiros projetos, com o intuito de minimizar as chances de erros quanto à usabilidade do aplicativo, seguindo, para tanto, as *guidelines* do Material Design o máximo possível. Tal procedimento pode tornar mais consistente a usabilidade do aplicativo.

4.2 Distribuição de jogos para Android e iOS

Algumas empresas de desenvolvimento costumam disponibilizar a versão beta de aplicativos e games. Apesar de, nesse estágio, o *software* ainda estar em desenvolvimento, essas versões são bem-vistas por alguns jogadores. Vale salientar que uma versão pode apresentar algumas dificuldades e certos *bugs*. Contudo, essa estratégia é adotada antes do lançamento oficial de um game mobile não apenas para verificar erros de desenvolvimento, mas também para saber o que esperar do lançamento do game nas principais lojas de aplicativos, como será sua recepção, além de se analisar a velocidade de *download*, entre outros aspectos.

No desenvolvimento de games e aplicativos mobile, é importante conhecer o funcionamento dos sistemas operacionais em que serão executados. Os principais são o Android, da Google, e o iOS, da Apple. Ambos têm a sua loja específica para a distribuição dos jogos. Como sabemos, a loja do sistema operacional Android é a Google Play, enquanto a do iOS é a Apple Store. Cada loja apresenta, igualmente, suas particularidades de programação, conforme demonstrado no quadro a seguir.

Quadro 4.1 – **Comparativo de recursos entre os sistemas operacionais iOS e Android**

iOS	Android
Tem suporte à linguagem de programação Objective-C.	Tem suporte à linguagem Java.
Linguagem específica da Apple, denominada *Swift*.	Seu código é aberto, o que possibilita o uso de recursos e ferramentas de terceiros para aperfeiçoamento de games e aplicativos.
Trata-se de um sistema operacional fechado, o que proporciona mais segurança.	Permite acesso ao código-fonte, auxiliando a integração de games ou aplicativos ao ecossistema Android.
Existe uma avaliação criteriosa para aprovar a disponibilidade de aplicativos na loja.	Utiliza o sistema de busca da Google, que encaminha os usuários para os aplicativos facilmente.

Além da programação, no processo de distribuição de jogos e aplicativos para Android e iOS, é preciso conhecer a maneira correta de empregar as palavras-chaves, com o objetivo de facilitar a busca por aplicativos, vídeos e *screenshots*, que são visualizações das telas do aplicativo que levam as referências visuais ao usuário. Na distribuição de aplicativos para Android e iOS, a configuração desses itens, as atualizações e as correções de eventuais *bugs* são importantes, pois aumentam a possibilidade de alavancar os *ratings* e as *reviews*. Quando distribuir ou atualizar um aplicativo para iOS, se as palavras-chave não forem bem-definidas antes de enviá-lo à loja, será preciso propor outra atualização apenas para acertar esses detalhes.

As palavras-chave ou *keywords* da Apple Store se limitam a, no máximo, 100 caracteres, além de apresentarem outras restrições, como a repetição de termos contidos no nome do desenvolvedor ou do aplicativo e a separação por vírgulas, sem a adição de espaços. Na Google Play, as palavras-chave têm um limite de 4.000 caracteres, e não há a necessidade de atualizar os aplicativos para alterar termos e *screenshots*. No entanto, para games de longa duração, é importante modificar os *screenshots* com frequência a fim de instigar potenciais jogadores a baixar o aplicativo. Dessa forma, com a alteração constante dos *screenshots*, os jogadores interessados em determinado game podem ter visões de telas diferentes, despertando sua vontade de jogar.

Essas são apenas algumas informações sobre a distribuição de jogos e aplicativos para Android e iOS solicitadas por seus desenvolvedores. Todavia, os termos da Google e da Apple podem sofrer mudanças a qualquer momento, por isso é importante consultar os sites oficiais e conferir as diretrizes de distribuição de aplicativos na Apple Store e na Google Play com certa constância, certificando-se das especificações direcionadas aos games.

4.2.1 Plataformas e linguagens para desenvolvimento de aplicativos

No mercado de desenvolvimento de aplicativos, há diversas plataformas que podem auxiliar essa atividade e, embora o conhecimento de design seja necessário, não é preciso saber profundamente sobre as linguagens de programação.

Uma dessas plataformas é a Fábrica de Aplicativos, que desenvolve design de aplicativos com linguagem de programação HTML5 de maneira fácil e rápida. Disponível no endereço: <https://fabricadeaplicativos.com.br/>, essa plataforma apresenta versões gratuitas ou pagas. Já a AppMachine permite criar aplicativos que podem ser executados em diversos sistemas operacionais, como Android, iOS e Windows Phone. Essa plataforma apresenta, ainda, uma interface intuitiva com diversas opções de blocos pré-codificados. Disponível no endereço: <https://www.appmachine.com/>, nela é fácil inserir *links* de redes sociais e, até mesmo, *check-out* e *e-commerce*. A AppsBuilder, por sua vez, é uma plataforma italiana que também disponibiliza o desenvolvimento de design de aplicativos. Disponível neste endereço: <http://www.apps-builder.com/>, ela permite desenvolver aplicativos de forma experimental, e o teste pode ser feito na própria plataforma.

O Good Barber, disponível no endereço: <https://pt.goodbarber.com/>, também capacita o desenvolvimento de aplicativos para as plataformas Android e iOS, sendo considerado um construtor de aplicativo profissional, além disso, possibilita a visualização dos resultados em tempo real. Já a plataforma ShoutEm, que pode ser acessada neste endereço: <https://shoutem.com/>, dispõe de gerenciador de conteúdo para design de aplicativos, ferramentas de engajamento e opções para monetização. Conta, ainda, com várias maneiras de personalizar e integrar os aplicativos com outras fontes de conteúdo, como o Twitter, o Facebook, o Wordpress, entre outras redes sociais.

Criar um aplicativo, no entanto, exige planejamento. Primeiramente, é necessário definir os objetivos; traçar a audiência – ou seja, indicar o público-alvo; e fazer o levantamento dos recursos chave (principais funções). Também é importante mapear todos os custos do desenvolvimento de um aplicativo, como o investimento em plataformas de construção e a contratação de profissionais ligados à área de programação, banco de dados e AI. Além disso, planejar como o aplicativo será monetizado, analisar a permissão de anúncios ou alternativas para gerar rentabilidade e definir as funcionalidades são pontos de alta relevância. Para isso, é preciso elaborar um esboço do app. Assim, depois de cumprir todas essas etapas, é chegado o momento de construir o design da interface do aplicativo, para, na sequência, iniciar as fases de testes.

É recomendado lançar o aplicativo nas lojas dos sistemas operacionais somente após a etapa de testes ter sido concluída. Logicamente, é essencial fazer um acompanhamento de todo o pós-lançamento do aplicativo, identificando eventuais *bugs* que possam acontecer. Ao planejar um aplicativo, é imprescindível determinar se será necessária a ajuda de profissionais especializados na área de administração, a fim de sanar lacunas como o treinamento da equipe, a carência de serviços terceirizados, a demanda para integrar o aplicativo a outros *software*s e/ou sistemas da empresa.

4.2.2 Desenvolvimento de aplicativos para Android

No desenvolvimento de aplicativos, além de usar as plataformas ou construtores, é possível criar um projeto próprio por meio das linguagens de programação. Para apps Android, existem várias linguagens, cada uma delas resolve um tipo específico de tarefa. Por isso, para cada projeto, deve-se analisar qual é a linguagem de programação mais adequada.

Antes de iniciar o desenvolvimento de um aplicativo, indicamos que seja feito o *download* do Android Studio, que nada mais é do que um *software* IDE (*Integrated Development Environment*).

Disponibilizado como um pacote com o Android SDK, esse *software* contém uma série de ferramentas que podem ser utilizadas na criação de apps. Na plataforma do Android Studio, há toda a documentação específica, tutoriais, códigos e bibliotecas gratuitas para aprimorar os aplicativos.

Depois de executar o *download* do Android Studio, é preciso conhecer as linguagens de programação que podem ser empregadas no desenvolvimento de aplicativos, como a Java, que, de certa forma, é considerada a linguagem de programação oficial dos aplicativos Android. Por sua vez, o Kotlin também é uma linguagem indicada para o sistema operacional Android, pois é muito semelhante à linguagem Java. Para muitos profissionais da área, é a mais simples das duas.

As linguagens C e C++ têm suporte para o Android Studio com Java NDK e permitem a codificação nativa, que é a mais indicada para o desenvolvimento de jogos. Contudo, vale apontar, trata-se de uma linguagem de difícil compreensão para iniciantes. Já a linguagem de programação Basic é indicada para ser utilizada com o B4S IDE do Anywhere *Software*, sendo uma ferramenta de fácil compreensão e bastante eficaz.

A Unity é uma linguagem de programação destinada ao desenvolvimento de games; conhecida com *game engine* (em português, "motor para games"), fornece renderização para gráficos 3D e cálculos físicos. Além do mais: é uma ferramenta de código aberto. Por fim, a PhoneGap utiliza as linguagens de programação HTML, CSS e JavaScript para criar páginas da web interativas e desenvolver aplicativos multiplataformas básicos.

A criação de design de aplicativos com o Android SDK pode ser feita em *notebooks* e em computadores que executem os sistemas operacionais Linux, Windows e MacOS, em razão de ser mutiplataformas. Para configurar um computador de modo que possa desenvolver aplicativos para Android, é recomendado, primeiramente, verificar os requisitos mínimos de que o sistema operacional precisa para funcionar. Essa informação está disponível no *link:* <http://developer.android.com/sdk/requirements.html>. Alguns *softwares* que facilitam o uso são Java SE 6 *Software Development Kit*; Eclipse para Java Developers; Android SDK; Plugin ADT (*Android Development Tools*) para Eclipse; entre outros.

Ao utilizar o Android Studio, cada projeto conterá um ou mais módulos com arquivos de código-fonte e recursos, como módulos de aplicativos Android, de bibliotecas e do Google App Engine. O padrão Android Studio é a apresentação dos arquivos do projeto na exibição de projetos Android. Essa exibição tem uma organização por módulos e viabiliza um acesso rápido aos principais arquivos de origem do projeto de design de aplicativos mobile. Cada módulo contém as seguintes pastas: *Manifests*, que inclui o arquivo AndroidManifest.xml; Java, com os arquivos de código-fonte do Java, como o código de teste do JUnit; e Recursos, que contém tudo o que não for código, como *layouts* XML, *strings* de IU e imagens em bitmap.

Ao se escolher a visualização denominada *Problems*, o Android Studio permite personalizar a exibição dos arquivos do projeto para que seja possível atentar aos aspectos específicos do desenvolvimento do aplicativo. Nessa visualização, são exibidos *links* para os arquivos de origem em que há erros reconhecidos de programação e sintaxe, como a falta de uma *tag* de fechamento de elemento XML em um arquivo de *layout*. A interface principal do Android Studio pode ser dividida em seis áreas lógicas, quais sejam:

1. **Barra de ferramentas**: realiza diversas ações, como a execução de aplicativos e a inicialização de ferramentas do Android.
2. **Barra de navegação**: facilita a navegação pelo projeto e a abertura de arquivos para edição; permite a visualização da estrutura visível na janela *Project* de modo mais compacto.
3. **Janela do editor**: é o local de criar e modificar a codificação; depende do tipo de arquivo atual, embora o editor possa mudar; tem a função da barra de propriedades de diversos outros *software*s; ao visualizar um arquivo de *layout*, o editor abre o editor de *layout*, por exemplo.
4. **Barra de janela de ferramentas**: está localizada fora da janela do ambiente de desenvolvimento integrado e apresenta botões que permitem a expansão e o recolhimento das janelas de cada ferramenta.
5. **Janelas de ferramentas**: acessam tarefas específicas, como pesquisa e controle de versões, gerenciamento de projetos, entre outras; permitem que as ferramentas sejam expandidas e recolhidas.
6. **Barra de status**: apresenta o *status* do projeto e do próprio ambiente de desenvolvimento integrado e todos os avisos.

A organização da janela principal pode servir para obter maior espaço na tela. Para isso, basta ocultar e/ou mover as janelas, as barras e as ferramentas. O uso de atalhos de teclado otimiza bastante o acesso à maioria dos recursos do ambiente de desenvolvimento integrado. Em qualquer etapa do projeto, é possível realizar uma pesquisa de código-fonte, ações, bancos de dados, elementos da interface do usuário, entre outros recursos, sendo necessário, para tanto, ou que se pressione duas vezes a tecla *Shift* ou que se clique na lupa no canto superior direito da janela do Android Studio. Essa ação é indicada, por exemplo, quando, sendo necessário localizar determinada ação do ambiente de desenvolvimento integrado, não se recorda a maneira de acioná-la. Assim, para otimizar o trabalho de desenvolvimento de design de aplicativos, o quadro a seguir mostra os atalhos que abrem as janelas de ferramentas.

Quadro 4.2 - **Atalhos de teclado para algumas janelas de ferramentas, conforme cada sistema operacional**

Janela de ferramentas	Windows e Linux	Mac
Projeto	Alt + 1	Command + 1
Controle de versões	Alt + 9	Command + 9
Executar	Shift + F10	Control + R
Depurar	Shift + F9	Control + D
Logcat	Alt + 6	Command + 6
Voltar ao editor	Esc	Esc
Ocultar todas as janelas de ferramentas	Control + Shift + F12	Command + Shift + F12

Para ocultar todas as janelas de ferramentas, as barras de ferramentas e as guias do editor, deve-se acionar o menu *View*; e, em seguida, selecionar *Enter Distraction Free Mode*. Dessa maneira, o *Distraction Free Mode* será ativado. Para sair, deve-se clicar em *View* e, depois, selecionar *Exit Distraction Free Mode*.

4.2.3 Desenvolvimento de aplicativos para iOS

Desenvolver aplicativos para o sistema operacional iOS exige, caso não se utilize um construtor, máquinas da Apple, como o iMac, o Mac mini e o MacBook. Há alguns emuladores para outros sistemas operacionais, mas não são totalmente confiáveis. O XCode é a ferramenta nativa utilizada na criação de apps para Iphones, Ipods e Ipads, que são disponibilizados na loja de aplicativos da Apple Store. Como trata-se de uma ferramenta nativa, o XCode precisa ou de computadores como o MacOS ou de um simulador de iOS. Alternativamente, é possível alugar o Mac de modo virtual.

Ainda que haja construtores para aplicativos nos sistemas Android e iOS que utilizem, basicamente, um único código fonte, sua *performance*, de certa forma, não é a mesma de um design de aplicativos desenvolvido de maneira nativa, ou seja, em seu próprio sistema operacional. Utilizando construtores, o aplicativo pode apresentar lentidão e não aproveitar todo o potencial do sistema operacional executado. Para casos específicos, é recomendado desenvolver o aplicativo para cada sistema operacional, sem recorrer aos construtores de aplicativos. Todavia, independentemente do tipo de sistema operacional no qual o aplicativo será desenvolvido, é necessário que o desenvolvedor tenha conhecimentos técnicos de design de aplicativos e noções básicas de *marketing*. Assim, ele é capaz de criar interfaces que sejam satisfatórias para os usuários.

Para desenvolver designs de aplicativos de interface mobile nativos de iOs, é fundamental, primeiramente, ter o ambiente XCode, cujo *download* pode ser feito, gratuitamente, no site da Apple, e instalá-lo na máquina, por meio de um ID e uma senha que os usuários de Iphone e/ou de um computador com sistema operacional MacOS já têm. Os códigos podem ser desenvolvidos diretamente no XCode, mas alguns profissionais preferem escrever e trabalhar partes da codificação em um editor de texto que disponha de sintaxe de programação. Editores de textos como JEdit e o TextMate têm essa característica. Nesse sentido, basta escolher aquele com o qual estiver mais familiarizado e que atenda às necessidades de cada projeto de design de aplicativo.

Depois da etapa de maior estruturação do *back-end* do aplicativo – ou seja, a de programação –, é chegado o momento de se preocupar com o design de aplicativos. Nessa etapa, é importante determinar se, na interface, serão utilizados gráficos, desenhos, imagens, ilustrações, animações etc. Com base nessa definição, a próxima fase é determinar como serão apresentadas as funções de desenhos e gráficos, se, por exemplo, haverá alguma personalização, se será necessário um *software* específico para criar as ilustrações etc. Caso haja gráficos, é recomendado que sejam vetorizados, porque, assim, podem ser ampliados sem perder a qualidade – isto é, sem sofrer *pixelação*, mantendo a qualidade da interface e do design do aplicativo. Esses gráficos devem ser desenvolvidos em *software*s específicos. Na sequência, listamos algumas opções de programas que trabalham com vetores:

- Inkscape;
- CorelDraw;
- Adobe Illustrator;
- DrawBerry.

Depois de definir a interface, chega-se à fase de desenvolvimento. Uma das linguagens que podem ser utilizadas na criação de aplicativos para iOS é a Objetive-C, cuja decodificação ocorre por meio de dados. As linguagens da categoria de programação C direcionam a decodificação por meio da manipulação de objetos. Os profissionais de programação que utilizam a linguagem de programação Java e desenvolvem aplicativos para Android conseguem, facilmente, utilizar a linguagem de programação Objective-C. É igualmente importante conhecer essa linguagem, sobretudo para o desenvolvimento de funções em níveis mais avançados do design de aplicativos.

Para que seja possível a inserção do aplicativo na loja, de modo que alguns usuários executem testes, é necessário, em primeiro lugar, criar um perfil de desenvolvimento na plataforma Apple Developer, a fim de que o aplicativo seja distribuído na loja. Finalizando o cadastro, é possível ter acesso aos recursos de desenvolvimento, explorar o XCode e visualizar e testar outros projetos de aplicativos relacionados ao que está sendo desenvolvido.

Vale salientar que, no processo de desenvolvimento de apps, principalmente quando se trata de interface, há um fator relativo ao senso criativo e outro à capacitação técnica, atrelada aos conhecimentos de *marketing*. Assim, é fundamental constituir um time altamente capacitado e atualizado quanto às principais tendências do mercado e às novidades de tecnologia da informação (TI). Geralmente, as inovações do design digital e da área de TI fazem diferença no momento da fidelização do usuário ao aplicativo, pois ele enxerga que ali existe um produto que entrega uma boa experiência e um bom valor agregado.

4.2.3.1 Uso da linguagem de programação Swift

Além da linguagem de programação Objective-C, para o desenvolvimento de design de aplicativos de interfaces mobile da Apple, também pode ser empregada a linguagem Swift, com código aberto, intuitiva, mas nem por isso pouco consistente. Essa linguagem pode ser utilizada no desenvolvimento de aplicativos para todos os dispositivos da Apple: Iphone, Apple TV, Mac e Apple Watch. Sua codificação é escrita de maneira eficiente e rápida, com respostas em tempo real. Pode, ainda, ser agregada, de maneira simples, a uma codificação já existente da linguagem de programação Objective-C. Desse modo, permite que os desenvolvedores de codificação escrevam códigos mais confiáveis e seguros, otimizando o tempo e, consequentemente, oferecendo uma experiência melhor no uso do aplicativo.

Essa linguagem de programação se torna mais popular a cada dia, sendo agregada, por vários desenvolvedores, a seus aplicativos. Alguns são desenvolvidos totalmente em Swift, como LinkedIn, Eventbrite, Sky Guide, Lyft e Kickstarter. Os aplicativos escritos em Swift apresentam desempenhos bem consideráveis se comparados aos de outras linguagens de programação, deixando o resultado mais dinâmico. No algoritmo comum de busca, por exemplo, o resultado é mais rápido com o uso de Swift: 2,6× mais rápido do que com o uso da linguagem de programação Objective-C; e até 8,4× mais rápido do que com o uso da linguagem de programação Python 2.7. Como a linguagem de programação Swift é de código aberto, está disponível para desenvolvedores, educadores e alunos e utiliza a licença Apache 2.0.

A Apple oferece binários para MacOS e Linux que podem compilar códigos para iOS, MacOS, watchOS, tvOS e Linux. Confira um exemplo de como é a sua codificação:

```
struct Player {
    var name: String
    var highScore: Int = 0
    var history: [Int] = []
    init(_ name: String) {
        self.name = name
    }
}
var player = Player("Luis")
```

A sua codificação e a declaração de novos tipos com sintaxe moderna e direta, fornecendo valores padrão para propriedades de instância e definindo inicializadores personalizados, são alguns dos muitos recursos que tornam o código mais expressivo, aqui destacamos nove:

1. Genéricos poderosos e simples de usar.
2. Extensões de protocolo que tornam a escrita de um código genérico ainda mais fácil.
3. Funções de primeira classe e sintaxe de encerramento leve.
4. Iteração rápida e concisa em um intervalo ou coleção.
5. Tuplas e múltiplos valores de retorno.
6. Estruturas que suportam métodos, extensões e protocolos.
7. Enums podem ter cargas úteis e compatibilidade com padrões de suporte.

8. Padrões de programação funcional – por exemplo, mapa e filtro.
9. Tratamento, em uso, de erros nativos.

Enfim, a linguagem Swift é interativa, baseia-se em uma sintaxe que, apesar de ser concisa, é bastante expressiva, e inclui recursos modernos importantes para os desenvolvedores. Por esse motivo, é recomendada para o design de aplicativos.

4.3 Desempenho e tamanhos de tela de aplicativos e games mobile

No desenvolvimento de games e de aplicativos mobile, o desempenho não está apenas relacionado aos tamanhos das telas dos aparelhos em que os *software*s serão executados. A programação – ou seja, a linguagem escolhida e o modo como foi empregada na escrita dos códigos – é uma grande influenciadora da *performance* de um aplicativo. Pensemos no seguinte exemplo: um game desenvolvido com as diretrizes para o sistema operacional iOS, prevendo resolução e tamanho de tela de 720p. Esse aplicativo, então, é adaptado para o sistema operacional Android, em que será visualizado em um dispositivo cuja tela tem a resolução 1440p. Logo, além da linguagem de programação nativa dos sistemas operacionais ser diferente, os tamanhos de tela divergem, o que gera estiramento dos gráficos. Essa situação, vale ressaltar, pode acontecer com a adaptação de aplicativos de uma mesma plataforma mobile.

Quando um game de console é adaptado para dispositivos mobile, o cuidado deve ser ainda maior, principalmente se o processo incluir games de longa duração, cujos jogadores estão acostumados a interagir com telas grandes, como as de televisores, que proporcionam uma visão panorâmica do jogo. Desse modo, é preciso considerar, na adaptação de um game de console para mobile – como de um jogo de futebol –, que, em um televisor, é possível que o usuário tenha uma visão completa do campo. Já em um dispositivo mobile, ainda que essa visualização também seja possível, o tamanho menor da tela pode tornar ineficaz a visão panorâmica. Assim, esses aspectos precisam ser bem pensados, visto que a adequação de games de console a plataformas mobile deve ser totalmente personalizada. Embora as tecnologias dos dispositivos estejam mais avançadas a cada dia, os desempenhos de um game mobile e um console dificilmente são os mesmos.

O desempenho de um game pode ser influenciado por sua programação, a qual pode interferir em seu peso, em razão de que, se for desenvolvida da maneira complexa, pode exigir maior tempo para a execução de determinadas ações do que gastaria se fosse escrita com uma programação mais simples. A programação pode otimizar a renderização dos elementos em 3D, os efeitos visuais e sonoros e o uso de imagens fixas dos games, como os fundos, nos quais podem ser utilizados recursos de compactação e descompactação.

O *ping* alto, latência ruim ou, simplesmente, *lag* é um fenômeno que se relaciona ao atraso do processamento das informações de um computador, *notebook* e dispositivo mobile na apresentação das informações visuais da interatividade de um usuário. O *lag* pode ocorrer, também, no caso de jogos *on-line*, pela demora na comunicação com um servidor do aplicativo, fator de desempenho que deve sempre ser considerado. Quando o usuário executa um aplicativo em um deslocamento, utiliza, normalmente, os dados móveis de sua operadora telefônica, os quais, mesmo com a tecnologia 4G, não são totalmente estáveis. Essa situação precisa ser ponderada na adaptação de games *on-line* de consoles mobile, independentemente de sua duração, visto que, em casa, de modo geral, o jogador utiliza internet de banda larga, que é mais estável e proporciona uma experiência diferente de um game mobile em relação aos dados móveis.

Considerando os dispositivos mobile dos sistemas operacionais iOS e Android e seus variados tamanhos de tela, faz-se necessário desenvolver games que sejam ou personalizados para cada tipo ou flexíveis quanto à sua adaptação. Quando se utiliza uma interface flexível, deve-se considerar que as dimensões não podem ser rígidas, mas, antes, precisam responder eficientemente durante a execução do aplicativo em orientações e tamanhos diferentes. Para desenvolver uma interface flexível, é importante considerar que as dimensões utilizadas possam ser redimensionadas sem distorção da visualização do game. Além disso, cabe incluir, na programação, imagens estáticas, como as de fundos, que sejam ampliadas sem redução de qualidade.

Nas plataformas oficiais dos sistemas operacionais iOS e Android, há orientações sobre como devem ser promovidas adaptações em games para que sejam disponibilizados nas lojas. Outra opção para os tamanhos das telas de games mobile e de aplicativos é a criação de interfaces alternativas, pois o desenvolvimento de interfaces flexíveis, em alguns casos, não oferece a melhor experiência para os usuários. É preciso considerar que, no processo de adaptação, se for necessário esticar a interface, distorções podem ocorrer, principalmente quando os tamanhos das telas diferem muito, como é o caso da tela de um *smartphone* em relação à de um *tablet*. Essas informações são inseridas na programação do aplicativo e, quando acessado na loja de aplicativos do sistema operacional, permitem que seja identificado o tamanho da tela, baixando e executando o aplicativo no tamanho adequado.

Ainda, é importante utilizar as técnicas de modularizar componentes com fragmentos. Por exemplo, em um game de uma partida de futebol, é possível que haja módulos diferentes com vistas diversas. Assim, quando for visualizado em um *smartphone*, com tela menor, haverá diferenças quanto ao módulo de vista panorâmica do campo inteiro: no *smartphone*, a visão será da metade do campo em que a bola é chutada, criando vários painéis de visualizações que serão inseridos em atividades separadas, justamente porque o game é executado em um dispositivo de tela pequena.

Além da técnica de modularizar componentes com fragmentos, quando se utilizar imagens como plano de fundo, por exemplo, é recomendável criar bitmaps *nine-patch* esticáveis, que são arquivos no formato PNG e que, por isso, permitem que as regiões da imagem que não podem ser distorcidas sejam informadas.

Embora existam diversas técnicas relacionadas ao desempenho e aos tamanhos de tela de games e de aplicativos mobile, isso não descarta a necessidade de testes com todas as opções. Para suprir as especificidades de vários aparelhos de tamanhos diferentes, já que, normalmente, as empresas de desenvolvimento de games e de aplicativos mobiles são de pequeno porte, utilizam-se emuladores web, que simulam a execução do game ou aplicativo em variados tamanhos de telas.

4.3.1 Características básicas do design de games

Os games têm como característica básica a interação do jogador com o jogo, que é executado em periféricos conectados a televisões, monitores, computadores, *notebooks*, dispositivos mobile e *smart* TVs. Jane McGonigal (2010) aponta quatro características básicas dos games:

1. objetivo;
2. regras;
3. sistema de *feedback*;
4. participação voluntária.

Os jogadores são motivados a alcançar uma meta, são instigados a desenvolver um senso de propósito e a chegar a um objetivo de acordo com certas regras. Assim, são direcionados a cumprir desafios e a explorar todas as possibilidades oferecidas pelo game, que se transforma em um grande motivador para o pensamento estratégico e para a criatividade. O sistema de *feedback* apresenta ao participante do game sua real localização no jogo, dando-lhe referências das etapas que ainda faltam para alcançar o objetivo traçado. Como a participação é voluntária, presume-se que o jogador tem ciência do objetivo, das regras e dos *feedbacks*. Portanto, todas as características devem ser planejadas durante o desenvolvimento da interface mobile do aplicativo.

Autores como Katie Salen Tekinbas e Eric Zimmerman (2004, p. 80, tradução nossa) apontam que games são baseados em um "sistema no qual os jogadores se envolvem em um conflito artificial, definido por regras, que resulta em uma saída quantificável". Já Karl

Kapp (2012, p. 18, tradução nossa) define game como um "sistema em que os jogadores se envolvem em um desafio abstrato, definido por regras, interatividade e feedback, que resulta em uma saída quantificável e que, frequentemente, provoca uma reação emocional". Para esse autor, um game apresenta as seguintes características básicas: sistema, jogadores, desafio, abstração, regras, interatividade, *feedback*, saída quantificável e reação emocional. Kapp (2012, p. 18, tradução nossa) assim sintetiza:

> Todos esses elementos se combinam para construir um evento maior do que a soma deles. Um jogador se põe a jogar porque o **feedback** instantâneo e a constante interação estão relacionados ao desafio do jogo, que é definido por regras, tudo trabalhando dentro de um sistema que visa provocar uma reação emocional e, finalmente, resultar em uma saída quantificável para uma versão abstrata de um sistema maior.

Assim, para ser considerado um game, não basta apenas que o *software* tenha as características básicas aqui mencionadas. Cada elemento citado tem suas peculiaridades, que, como integram um todo, servem aos propósitos do game, tornando-o um grande atrativo.

O design de games é a área do design direcionada ao desenvolvimento desse tipo de aplicativo, desde a etapa conceitual, passando por rascunhos, esboços, protótipos e pela modelagem 3D – no caso de jogos em 3D. O design de games trabalha em consonância com outras áreas, como a de programação e a de redação, que são responsáveis por manter a história e o sentido do game, pois todos os games apresentam uma narrativa.

Nos games mais sofisticados, o profissional de design de games é o responsável por coordenar seu desenvolvimento em conjunto com outros profissionais, como o game *art*, especializado em arte, efeitos visuais e design. Já o game *sound*, que também integra a equipe, é responsável pela trilha e pelos efeitos sonoros. Há, ainda, o profissional de programação de games, denominado *game programming*. Desse modo, o design de game resulta em projetos que prendem a atenção do jogador por meio do estímulo de cinco sentidos humanos, como os visuais e os sonoros.

Sobre o conceito de *flow*, largamente utilizado no desenvolvimento de games, Mihaly Csíkszentmihályi, pesquisador e psicólogo, analisou, por muitos anos, as condições que proporcionam o estado de felicidade, segundo ele, *flow* seria: "o estado em que as pessoas estão tão envolvidas em uma atividade que nada mais importa; a experiência em si é tão gratificante que as pessoas a realizariam mesmo a um custo alto, apenas pelo fato de estar fazendo" (Csíkszentmihályi, 1990, p. 4, tradução nossa).

Quando um jogador está imerso em um game, o conceito de *flow* torna-se ainda mais evidente. É comum ver pessoas jogando por várias horas, durante a madrugada, pois é esse estímulo que o game transmite para o jogador, que pode ser aplicado com o propósito de proporcionar um aprendizado prazeroso. Outro elemento significativo em um game é a questão da interatividade, que só acontece quando o jogador entende o significado de suas ações na narrativa, gerando um engajamento com o game. Apesar de bastante atrativo para os jogadores, os games são atividades complexas, pois seus desafios exigem atenção e conhecimento prévio.

O **engajamento** corresponde ao poder do game de envolver. Esse fator pode ser observado no tempo que jogadores dedicam ao jogo e no número de vezes que retornam a seu início, com o intuito de jogá-lo novamente. O engajamento também é uma característica dos usuários de aplicativos de trocas de mensagens. É fácil perceber que as pessoas os utilizam durante todo o dia, praticamente. Outros atributos do engajamento que um game proporciona estão relacionados à competição e à possibilidade de tornar o resultado público, principalmente no caso dos games *on-line*. Esse se torna um fator motivador positivo para o alcance de boas posições.

O engajamento pode ser utilizado, igualmente, de forma colaborativa, com as decisões definidas em grupo. Dessa maneira, incentiva-se a colaboração dos participantes, ao passo que aspectos lúdicos, que estimulam o cumprimento dos desafios, também podem ser inseridos no game. Todos esses elementos devem ser ponderados durante o desenvolvimento do design de games.

Mila Supinskaya Glashchenko/Shutterstock

CAPÍTULO 5

INTERFACE E EXPERIÊNCIA DO USUÁRIO

A tecnologia da informação e da comunicação (TIC) permite transmitir informações por meio de mecanismos que executam a intermediação entre os dados e as pessoas. Essa interlocução é feita através das *interfaces*, termo que carrega diversos significados, muito em função do aumento no número de novas tecnologias, iniciando nos computadores pessoais – *desktops* ou *notebooks/ netbooks* – e evoluindo para *smartphones* e *tablets*.

As pessoas que utilizam *tablets*, *smartphones*, *notebooks* e computadores pessoais se comunicam por meio desses dispositivos e controlam todos os seus recursos por intermédio das **Interfaces gráficas de usuário (GUI**, do inglês *Graphical User Interface*), como são tecnicamente conhecidas, ou, simplesmente, *interfaces*. Dessa maneira, as interfaces interpretam as linguagens computacionais, com todos os seus códigos, e apresentam para o usuário uma linguagem visual, por intermédio da qual é possível entender e manusear os dispositivos – ou seja, a interface executa a interconexão entre o usuário e a tecnologia.

Kerckhove (1993, p. 59) conceitua interfaces como uma "metáfora tecnológica dos sentidos, uma vez que a máquina dotada pela capacidade de pensar por meio de processamentos baseados em manipulação de informações binárias podia, agora, expressar seu pensamento através de representações as quais o homem pode decodificar, estabelecendo um diálogo". A interface pode ser considerada a parte mais importante na interação ser humano-computador uma vez que representa o sistema. Assim, na concepção do autor, deve ser direcionada à qualidade de uso do sistema, a fim de auxiliar os usuários a executar as tarefas para as quais o sistema foi projetado.

O avanço das técnicas de desenvolvimento de interfaces proporciona novas maneiras de o ser humano comunicar-se com os dispositivos e, igualmente, de entrar em contato com os outros. Os aplicativos disponíveis nos dispositivos móveis, como *smartphones* e *tablets*, são grandes exemplos dessa nova forma de comunicação entre o ser humano e o dispositivo e entre o próprio ser humano, sendo os aplicativos seu intermediário. Basta observar o uso de aplicativos de redes sociais e de troca de mensagens, cujos usuários passam horas comunicando-se. Logo, um dos principais meios de comunicação entre as pessoas, tanto no uso privado (entretenimento, consumo etc.) quanto no uso público (empresarial, comercial etc.) tem sido os aplicativos.

O aumento do número de computadores pessoais e a popularização da internet fomentaram outras necessidades à comunicação, tendo em vista a facilidade de interação entre os computadores e sistemas operacionais diversos, variados *softwares* e aplicativos prontos para serem instalados, além, claro, dos games, que podem ser executados em diferentes dispositivos.

5.1 **Evolução das interfaces**

O surgimento dos computadores Macintosh, da Apple, definiu um importante marco para as interfaces, principalmente pelo fato de tornarem a operação com suas máquinas mais amigáveis, introduzindo ícones, menus e barras de rolagem. Contudo, logicamente interfaces não consistem na simples introdução de componentes visuais em um sistema.

Uma das maneiras de estabelecer o histórico e a evolução das interfaces é comparar a evolução dos computadores pessoais de acordo com os componentes de *hardware* e as configurações suportadas. Tesler (1991) e Nielsen (1993) desenvolveram um quadro que relaciona e qualifica a categoria de usuários de computadores de cada geração, o que é de absoluta relevância para o desenvolvimento de interfaces.

Quadro 5.1 - **Geração de computadores e interfaces de usuários**

Geração	Tecnologia de hardware	Modo de operação	Tipos de usuários	Paradigma de interface de usuário
Pré-histórica (1945)	Mecânica e eletromecânica	Utilizados somente para cálculos	Os próprios inventores	Nenhum
Pioneira (1945-1955)	Válvulas, máquinas enormes e com alta ocorrência de falha	Um usuário a cada tempo usa a máquina (tempo bastante limitado)	Especialistas e pioneiros	Programação batch
Histórica (1955-1965)	Transistores mais confiáveis; computadores começam a ser usados fora de laboratórios	Batch (computador central não acessado diretamente)	Tecnocratas, profissionais de computação	Linguagens de comando
Tradicional (1965-1980)	Circuito integrado; relação custo-benefício justifica a compra de computadores para muitas necessidades	Time-sharing	Grupos especializados sem conhecimento computacional (caixas automáticos, por exemplo)	Menus hierárquicos e preenchimento de formulários

(continua)

(Quadro 5.1 – conclusão)

Geração	Tecnologia de *hardware*	Modo de operação	Tipos de usuários	Paradigma de interface de usuário
Moderna (1980-1995)	VLSI; pessoas podem comprar seus próprios computadores	Computador pessoal para um único usuário	Qualquer profissional e curiosos	WIMP (*Window, Icons, Menus,* e *Point devices*)
Futura (a partir de 1995)	Integração de alta escala; pessoas podem comprar diversos computadores	Usuários conectados em rede; sistemas embutidos	Todas as pessoas	Interfaces não baseadas em comando

Fonte: Elaborado com base em Nielsen, 1993.

Para que uma interface se torne cada vez mais facilitada, é necessário que seu design se aproxime do modo como o ser humano se comunica. Uma das áreas de estudo que auxilia nessa observação é a linguística, que, entre outros aspectos, analisa o processo de conversação e diálogo. Por exemplo, quando uma pessoa lhe faz uma pergunta, primeiramente, você pensa sobre o assunto, analisa-o e, depois, elabora uma resposta. E o que isso significa? Que a comunicação apresenta certas regras que lhes são intrínsecas.

As interfaces procuram estabelecer esse diálogo de acordo com a disposição dos elementos na tela e, para isso, esses objetos devem fazer sentido. O conceito sustenta à ideia de que uma interface é um contexto compartilhado de ação em que tanto o computador quanto o humano são agentes (Laurel, 1993). As mensagens de erros representam alguma comunicação incorreta. Se compararmos com uma conversa entre indivíduos, esse seria o momento em que uma pessoa não consegue compreender a outra.

As interfaces estão em constante evolução e se aproximando de um ponto de autonomia quase total no que se refere à interação com indivíduos/usuários. Constata-se isso por meio da evolução na sofisticação dos recursos comandados por voz, da inteligência artificial e de sensores de movimentos, elementos que já circulam em sociedade.

Nesse contexto, o grande desafio para os profissionais que trabalham com desenvolvimento de interfaces é cultivar a multidisciplinaridade, elaborando projetos com profissionais de outras áreas do conhecimento, a fim de viabilizar a comunicação e a interação eficiente no ambiente material. Interfaces de comando de voz, por exemplo, já fazem parte do cotidiano. Qualquer pessoa que tenha um *smartphone* com o sistema operacional Android pode ativar esse comando, fazendo uma pergunta e, em seguida, pronunciando "Ok, Google". No sistema iOS, a Siri corresponde a essa tecnologia.

As interfaces existem há bastante tempo e permitem que o ser humano interaja com o mundo em que vive. No contexto do design de aplicativos, podem ser utilizadas guias para facilitar a atividade projetual, na busca por resolver um problema e, assim, resultar no desenvolvimento de uma interface. A interface de aplicativos, de certa forma, pode ser considerada a união da arte com a tecnologia. Por meio de formas, cores, linhas, ângulos e outros elementos composicionais de um *layout*, é possível obter um resultado que facilita a comunicação entre ser humano e máquina. No desenvolvimento de uma interface, existem parâmetros de como os usuários podem utilizar o aplicativo, de modo que os recursos estéticos adequados sejam aplicados no direcionamento das ações que os usuários devem realizar, empregando, para isso, conceitos de design de informação e interação.

O **design de informação** consiste nas formas de se organizar o conteúdo e o *back end*. É o sistema de arquitetura que sustenta todas as interações a que os usuários podem ter acesso. Nessa etapa, são definidas quais informações estarão disponíveis. O **design de interação**, por sua vez, é o modo pelo qual o sistema e o usuário se relacionam; diz respeito a como os sistemas convidam os usuários a interagir e a utilizar todos os seus recursos. Por isso, aspectos de usabilidade são importantes para promover a interação entre máquina e ser humano. Já o **design de interface** propõe diferentes formas de ressignificação e interação, prevendo a qualidade do sistema e a melhor comunicação com os usuários.

Os aspectos que envolvem a interação devem ser planejados cuidadosamente em uma interface: os diversos formatos de telas, a composição visual, os botões, os menus e até as barras de rolagem, que podem integrar projetos com grande conteúdo textual. Oferecer alternativas com eficiência e qualidade para que os usuários dos sistemas consigam alcançar suas expectativas é o objetivo a ser perseguido. Por exemplo, para um cliente que entra em um aplicativo de banco para fazer uma transferência, a interface deve proporcionar-lhe a execução dessa tarefa intuitivamente. Assim, a interface cumpre seu papel de propor soluções e melhorar a experiência dos usuários que utilizam tecnologias digitais – seja os que acessam o sistema de uma empresa, sejam os que se entretêm com jogos, redes sociais e aplicativos de trocas de mensagens.

Embora um dos conceitos de interface envolva a promoção de interação entre máquina e ser humano, entre sistema e usuário, de modo atrelado à tecnologia, seu foco deve ser os usuários que utilizam os sistemas, e não unicamente o valor e a robustez de uma máquina e/ou de uma *performance* de sistema. Aliás, esses são aspectos que estão em uma camada abaixo da interface. É importante que os computadores e os sistemas sejam eficientes, mas, para o usuário, o que importa, verdadeiramente, é a possibilidade de realizar as tarefas desejadas. Nesse sentido, a função da interface é apresentar o sistema aos usuários adequadamente, de modo a atender às suas necessidades. Uma interface de fácil compreensão deve compor todos os projetos de design de aplicativos, independentemente do público-alvo.

Os *softwares* são desenhados para executar determinadas tarefas e, normalmente, destinam-se a profissionais da área para a qual foram projetados. Assim, em muitos casos, por se tratar de um público específico, algumas interfaces não são compreendidas facilmente por todos. Por outro lado, há *softwares* cujos programadores não se preocupam com a atualização de interfaces, sendo comum, por exemplo, o uso do ícone de um disquete para indicar o salvamento de um arquivo. Para nativos digitais, que nunca utilizaram disquetes para salvar arquivos, o ícone não favorece a indicação de sua função. A análise de interfaces de *softwares* deve cuidar para que o desenvolvimento de um aplicativo não incorra em inadequações grosseiras.

O design de interfaces utiliza vários tipos de signos, como índices, símbolos e ícones. Por isso, uma interface não pode agregar os usuários superficialmente; ao contrário, deve conduzi-los a um total conhecimento das informações repassadas, o que melhora sua experiência. Dessa forma, é necessário conhecer o público que utiliza a interface e priorizar essa experiência.

Além da equipe da arquitetura da informação (AI), o profissional de design de aplicativos deve participar dos projetos de desenvolvimento de um app e levar em conta que, nesse tipo de projeto, soluções e diretrizes genéricas não costumam ser eficazes. A interação de aplicativos de ensino a distância (EaD), de games e de projetos que simulam imersões em ambientes, como os de passeios virtuais, têm características e objetivos que diferem totalmente das tarefas executadas em um app de informações empresariais. Então, os designers de aplicativos, quando desenvolvem projetos de interfaces, precisam sair de sua área de conforto e estabelecer novos conhecimentos, criando soluções que atendam às expectativas específicas de determinado público.

No design de interface, é necessário pensar no design do próprio sistema, porque a interface é sua representação. Esse pensamento facilita construir um modelo conceitual de um projeto, que é o momento mais crucial de todo a elaboração. Essa etapa engloba identificar o perfil dos usuários, as tarefas do sistema e a maneira como essas ações serão executadas pelos usuários. Todos esses apontamentos devem obedecer à característica do aplicativo e à experiência/necessidade dos usuários. Por exemplo, usuários que sejam profissionais de desenho técnico estão acostumados a utilizar régua, compasso, transferidor e outros materiais semelhantes em sua prática diária. Assim, no planejamento da interface de um aplicativo destinado a esses profissionais, é preciso pensar, por exemplo, em como, sem o auxílio de um compasso, e em uma tela *touchscreen*, um círculo será desenhado.

5.2 Modelos conceituais e metáforas de interface

O modelo conceitual é a base não apenas do desenvolvimento da interface, mas também da concepção projetual do sistema, fundamentando quais decisões devem ser tomadas e quais são as articulações estratégicas em favor da concepção de um sistema. Para criar um modelo conceitual, é necessário estruturar, descrever e restringir o necessário na comunicação e na interação entre o ser humano e o sistema. Esse momento destinado à elaboração de ideias e fundamentos chama-se *conceito*. Nessa etapa, é indicado produzir esboços, anotações, croquis e, se possível, protótipos de baixa fidelidade ou, pelo menos, diagramas do funcionamento do sistema, demostrando sua representação. De acordo com Rogers, Sharp e Preece (2005, p. 28), o modelo conceitual consiste em uma "descrição do sistema proposto – em termos de um conjunto de ideias e conceitos integrados a respeito do que ele deve fazer, de como deve se comportar e com o que deve parecer – que seja compreendida pelos usuários da forma pretendida".

Para elaborar um modelo conceitual, são utilizados dados das necessidades dos usuários a fim de projetar uma ideia de como o sistema pode suprir essas demandas. O desenvolvedor, então, cria um modelo mental complexo porque deve idealizar uma visão de como será a interação do ser humano com o aplicativo a partir do ponto de vista do usuário. O **ponto de vista do usuário** é a etapa mais complexa, em razão de o desenvolvedor não ter o mínimo controle de como funciona a mente do outro. Em vista disso, são realizadas pesquisas com o público-alvo.

Sempre que possível, é importante que o modelo conceitual seja bem fundamentado. Não se deve somente observar como ocorre a interação dos usuários com os dispositivos e sistemas, visto que, ao mesmo tempo, é essencial que se elaborem testes que permitam identificar as necessidades, os requisitos e as expectativas do público. Existem testes de comparação que ajudam a executar essa análise. Os testes A/B são um exemplo muito conhecido: executados com um controle por meio do qual são analisadas as experiências dos usuários nas duas variantes, cujo objetivo é melhorar a porcentagem de satisfação dos usuários. Dessa forma, os elementos também podem ter variações, o que permite compreender que tipo de variação obteve mais resultados positivos. Nos projetos de design de aplicativos, os testes A/B podem ser largamente aplicados, justamente porque apontam o tipo de alteração que alcançou mais resultados positivos e negativos.

Na prática, os testes de A/B podem ser aplicados, por exemplo, em duas versões similares de interface, variando os elementos que são direcionados para atrair o interesse dos usuários. A versão A pode ser usada como controle – aplicativo sem alterações –; a versão B, por sua vez, pode servir como a nova versão – aplicativo com alterações. Também existem outros tipos de testes, como os multivariados e de balde, que são similares ao teste A/B, embora se constituam como métodos de análise de mais de duas versões distintas ao mesmo tempo. Os testes podem ajudar no desenvolvimento do modelo conceitual, mostrando a lógica e todos os elementos que compõem uma interface, construindo, assim, relações com contexto e, por consequência, facilitando a leitura e a interpretação de uma interface.

Rocha e Baranauskas (2003, p. 98) apontam que o "designer deve assegurar que a imagem do sistema seja consistente com seu modelo conceitual, uma vez que é através da imagem do sistema que o usuário forma seu modelo mental. Idealmente, ambos Modelo do Designer e Modelo do Usuário deveriam coincidir". Nos projetos de interface do usuário, o modelo conceitual tem a função de norteador, já que permite prever quais são os efeitos das ações executadas pelos usuários, dando subsídios para o desenvolvimento de interfaces que os usuários compreendem mais facilmente. Os sistemas desenvolvidos com os modelos conceituais são guias e podem ser utilizados para verificar a usabilidade e os *feedbacks* do sistema em relação às solicitações dos usuários. Há, ainda, a possibilidade de minimizar os erros que podem acontecer, os quais, consequentemente, interferem no desempenho do sistema e na compreensão da interface.

Quanto às metáforas, é sabido que elas fazem parte da experiência humana, compondo seu conhecimento de mundo. As metáforas não aparecem somente na literatura, uma vez que são parte integrante da linguagem. Nas interfaces, as metáforas funcionam de modo similar. Quando um usuário move um arquivo de uma pasta (diretório) para outro local em um sistema operacional, esse usuário entende que, realmente, trocou o arquivo de lugar. Esse é um exemplo bem prático de uma metáfora. Outros exemplos são os recursos "recortar" e "colar", disponíveis no Word. Na prática, quando se utiliza o recurso de "cortar" um objeto, na verdade ele fica armazenado no *buffer*, mas os usuários, principalmente os que ainda são iniciantes, entendem que o arquivo sumiu.

Para ser realmente compreensível, uma interface deve considerar o indivíduo que a maneja – ou seja, deve estar de acordo com seus conhecimentos –, para que a interação seja natural e intuitiva. Observando as novas interfaces de programas e de sistemas operacionais, o ícone "salvar", que, normalmente, é representado por um disquete, já não aparece mais com a mesma frequência, visto que o disquete não é utilizado para salvar arquivos há anos. Ainda assim, é possível encontrá-lo em alguns *softwares*.

Logo, no desenvolvimento de uma interface, os designers precisam avaliar as questões visuais, como a tipografia (fontes de letras) mais legível, as barras de rolagem funcionais, a harmonia das cores, do som e da voz, ou seja, o modo como o usuário utiliza os recursos a fim de melhorar e facilitar seu uso.

5.3 Diretrizes para o design de interface

A organização das informações e o planejamento da interação dos usuários são preocupações constantes em um projeto que visa a uma interface intuitiva. Então, é importante estabelecer diretrizes e conhecer alguns princípios do design. A **visibilidade** é um dos princípios que deve ser aplicado, pois está relacionado ao olhar que o usuário tem sobre a interface, guiando-o passo a passo. Na primeira visão do aplicativo, o usuário já deve conseguir entender o funcionamento do sistema. Assim, as diretrizes estão relacionadas aos aspectos que podem tornar a interface mais coerente e funcional, conforme descreve Pereira (2002, p. 242, tradução nossa):

Os critérios de avaliação de usabilidade são parâmetros que ajudam à equipe de teste a examinar um produto ou serviço durante seu planejamento, desenvolvimento, implementação e uso. Seu propósito é garantir a eficácia e a eficiência do uso do produto ou serviço segundo os objetivos especificados, o que promoverá a satisfação de seus usuários. Portanto, devem ser considerados como requerimentos de projetos.

Na prática, as diretrizes para o design de interface são determinadas com base na pesquisa com usuários. De acordo com esse levantamento, é formado um conjunto de premissas, as quais indicam como os profissionais de criação podem implementar uma interface interativa. Pereira (2002, p. 49, tradução nossa) desenvolveu um levantamento no qual aponta os seguintes critérios de usabilidade:

Adaptabilidade: caracteriza-se pela modificação (parcial ou total) de uma aplicação multimídia permitindo que esta desempenhe funções distintas daquelas previstas;

Aparência: relaciona-se com os problemas de apresentação visual dos elementos que compõe a aplicação multimídia;

Associação: determina se o conteúdo e sua apresentação estão associados a seu contexto;

Completeza: verifica se os limites do que concerne aos agentes aplicação e informação estão dentro de padrões predefinidos;

Consistência: permite identificar o grau de aproximação de uma medição entre os resultados de várias medições do mesmo uso da informação e dos componentes de operação (i.e. grau de estabilidade de toda aplicação multimídia);

Desempenho: utiliza-se este critério na análise dos agentes usuário (execução satisfatória de uma tarefa) e aplicação (requerimentos mínimos necessários de *hardware* e de sistema operacional);

Densidade: caracteriza-se pela qualidade de informação passada ao usuário através das telas da aplicação multimídia;

Experiência: caracteriza-se pelo conhecimento prévio adquirido (conceitual, procedural ou de princípios) pelo agente usuário;

Funcionamento: refere-se aos aspectos operacionais funcionais sob a perspectiva da aplicação;

Gestão de erro: caracteriza-se por ser um dos módulos que compõem uma aplicação multimídia, o qual se responsabiliza pela indicação de erros, sejam ou de operacionais ou de usuário;

Indicação: permite identificar o uso de referências associativas entre algo e seu significado ou função;

Intuição: significa a imediata apreensão de alguma coisa através de um processo básico cognitivo sem razoamento;

Legibilidade: relaciona-se não só com os aspectos lexicográficos do agente informação, mas também se preocupa com os aspectos físicos do meio onde a informação será apresentada;

Manutenção: representa um indicador de qualidade da aplicação multimídia vinculado a capacidade de gestão do sistema;

Organização: caracteriza-se por ser um processo que determina um conjunto de disposições ordenadas de acordo com critérios predefinidos, objetivando lograr a satisfação dos objetivos propostos;

Precisão: permite verificar a exatidão do conteúdo com respeito a sua estrutura sintática e semântica;

Predição: baseia-se em um raciocínio lógico e representa a ação de anteceder a um fato;

Portabilidade: caracteriza-se pela possibilidade de utilização de uma aplicação multimídia em distintas plataformas (distintos sistemas operacionais, distintos navegadores etc.);

Tempo de resposta: é o período de tempo necessário para a execução de algum pedido (carga de uma página web ou carga de um simulador ou animação);

Veracidade: é responsável pela verificação da veracidade do conteúdo, levando em conta aspectos como a congruência entre a informação, a sequência lógica da informação e a conformidade de seu alcance.

As diretrizes são recursos que estabelecem limites, mas não se pode assumir que todos os projetos devam ter o mesmo modelo. Os designers digitais devem considerar um desafio a proposição de alternativas criativas para projetos funcionais, além de demonstrar preocupação estética, possibilitando que usuários com perfis diferentes – de cognição, faixa etária etc. – utilizem um mesmo sistema, já que sua interface é de fácil compreensão.

5.4 *User Experience* (UX) e *User Interface* (UI)

O termo *User Experience* (UX, em português "experiência do usuário") diz respeito à experiência de uma pessoa ao utilizar um dispositivo, sistema, aplicativo. Por sua vez, a terminologia *User Interface* (UI, em português "interface do usuário") relaciona-se ao modo pelo qual a pessoa alcança essa experiência. Como o UX está voltado à experiência do usuário, lidando com emoções, o que propicia a percepção de como a pessoa se relaciona com o serviço ou com o produto, entende-se que seu objetivo é fazer com que a experiência seja simples, natural e o mais amigável possível – *user-friendly*.

Ao desenvolver um projeto de design de aplicativos, é preciso compreender como as pessoas se comportam e, especificamente, estudar o padrão de comportamento do público, pois, se um aplicativo está sendo desenvolvido, é para que um nicho de usuários o utilize. Assim, o aplicativo é concebido para não causar nenhuma frustração, satisfazendo o usuário e motivando-o a retornar sempre que quiser (ou se fizer necessário). Tudo isso é proporcionado por uma experiência agradável de interação.

O UI tem atributos mais técnicos, pois está ligado ao planejamento e à criação do ambiente que o usuário controla. Além disso, engloba toda a estratégia de design e desenvolvimento de um produto, como usabilidade, conteúdo e arquitetura da informação (AI). Também é responsável pelos estudos de como o usuário executa as interações do produto, serviço, aplicativo ou game. Vale lembrar: essa interface pode estar em diversos dispositivos: *smartphones*, *tablets*, *smart* TVs, caixas eletrônicos, *totens* (equipamentos de localização de lojas em *shoppings*) etc. O usuário interage com esses dispositivos por meio de aplicativos, *softwares* e sistema que apresentam interfaces com elementos gráficos, menus, botões, imagens e ilustrações. Por isso, o desenvolvimento de *softwares* também deve preocupar-se com UX e UI.

O profissional que desenvolve a interface é o designer de aplicativos, que precisa conhecer várias áreas para conceber um projeto. Uma delas é a AI. O designer deve, ainda, antecipar as reais necessidades do usuário, com o intuito de que o aplicativo seja de fácil compreensão e, assim, ele consiga executar o que quiser.

5.4.1 Velocidade dos aplicativos, qualidade visual e lógica das interfaces

Para o usuário ter uma boa experiência com a interface, a velocidade é fundamental em vários sentidos. No caso de aplicativos, é preciso rapidez tanto no *download* quanto durante a interação. Aplicativos ou games que demoram para carregar frustram os usuários. Logo, não adianta se preocupar com uma interface atrativa, com vários recursos de animações, vídeos, *banners*, se, durante o uso, o aplicativo se desenvolve lentamente, porque isso provoca insatisfação no usuário, acarretando rechaço ao projeto. No desenvolvimento de projetos de design de aplicativos, deve-se procurar equilíbrio entre interfaces, que sejam dinâmicas e que tenham resposta rápida, pois os usuários não gostam de clicar em um botão e aguardar, tampouco se sujeitar a travamentos dos aplicativos.

A qualidade visual de um projeto de design de aplicativos está ligada ao planejamento e à criação do ambiente que o usuário controla. Ela engloba toda a estratégia de design e desenvolvimento do produto, como usabilidade, conteúdo e qualidade lógica (AI). Ainda, a qualidade visual analisa como o usuário interage com o produto, a depender do dispositivo, *smartphones*, *tablets*, *smart* TVs, caixas eletrônicos etc. A interação do usuário com os dispositivos ocorre por meio de aplicativos, *softwares*, games e sistemas que contêm interfaces com elementos. Seu desenvolvimento deve estar voltado à UX e à UI. Por outro lado, a qualidade lógica refere-se à AI, que estuda a organização das informações de uma interface para facilitar a compreensão do usuário.

A velocidade dos aplicativos e a qualidade visual e lógica das interfaces estão relacionadas diretamente à satisfação do usuário com o sistema. O ser humano se dá por satisfeito sempre que consegue realizar uma tarefa que lhe é necessária – no âmbito de trabalho, em que há uma obrigatoriedade imposta –, bem como no âmbito do entretenimento. As técnicas de UX e UI, quando são aplicadas ao *layout*, tornam-no mais amigável e compreensível para o usuário, ajudando-o a cumprir o projeto de design de aplicativo.

O usuário se relaciona diretamente com a interface, pela qual os desenvolvedores buscam satisfazê-lo, mantendo, para isso, a identidade visual coesa, os tamanhos de títulos, tipografias, fotografias e espaçamentos bem projetados, promovendo, assim, uma interface confortável e atrativa.

5.5 Formatação de interface para aplicativos desenvolvidos em HTML5

Sabemos que os aplicativos também podem ser desenvolvidos em HTML5. *Interface frontal, parte frontal, front-end* e *client-side* são termos técnicos que se referem ao início da produção de um projeto. Por sua vez, *suporte, retaguarda, secundária, back-end* e *server-side* são termos técnicos que remetem à etapa final do desenvolvimento de um projeto. Desenvolver o *front-end* é criar a interface do sistema de acordo com a identidade visual do aplicativo. As telas devem priorizar o fato de que a interação do usuário com o aplicativo deve ser facilitada. Listamos, a seguir, alguns recursos de interface utilizados com esse objetivo:

- tabelas, botões, listas e campos de pesquisa com exibição de resultados;
- *feedbacks* com mensagens de texto que informem o *status* da ação;
- animações na tela, para facilitar o entendimento e confirmar ao usuário que a interação está sendo feita corretamente;
- dicas para explicar as funcionalidades de um sistema, como o recurso de autocompletar um texto etc.

O profissional que trabalha com o desenvolvimento de *back-end* cuida das funcionalidades do aplicativo e da interação com as bases de dados conforme as solicitações do usuário – isto é, lida com a linguagem de programação. Para aplicativos desenvolvidos em HTML5, é necessário conhecer servidores, protocolos (como HTTP) e aspectos de segurança. Dessa forma, para conceber um projeto HTML, por exemplo, o trabalho da equipe profissional de *front-end* e *back-end* é essencial, uma vez que não adianta ter um aplicativo com programação que, apesar de ser impecável, não é compreensível. A interface deve ser amigável para que os usuários não desistam de utilizar o serviço.

Na construção de um arquivo HTML5, são escritas as *tags* interpretáveis pelo navegador, as quais resultam no visual do aplicativo. A linguagem é escrita por meio de linhas de programação com uma estrutura básica. O que marca o início de uma *tag* é o símbolo matemático < (menor que). Após esse símbolo, é inserido o nome da *tag* e todas as informações que ela deve conter. Para encerrá-la, insere-se o símbolo matemático > (maior que). Uma *tag* HTML pode conter várias *tags*, como se fossem árvores, algumas delas, vale mencionar, têm hierarquia. A *tag* principal da hierarquia sempre será a HTML. Para encerrar um conjunto de *tags*, basta inserir o símbolo < e uma / (barra), seguidos do nome da *tag* e do símbolo >. Perceba que, a seguir, na linha 7, a *tag* encerrada está representada pelo código </head>.

1. <!DOCTYPE html>
2. <html lang="pt-br">
3. <head>
4. <meta charset="utf-8" />
5. <link rel="stylesheet" type="text/css" href="estilo.css">
6. <title></title>
7. </head>
8. <body>
8. </body>
9. </html>

Conforme apresentado, na estrutura básica de HTLM5, o *Doctype* precisa, obrigatoriamente, estar na primeira linha de código, antes da *tag* HTML. O *Doctype* não é uma *tag* do HTML, mas corresponde, na verdade, a uma instrução para que o navegador obtenha informações sobre a versão de código com a qual o arquivo foi desenvolvido. Na linha 2, está o código <html lang="pt-br">. O atributo *lang* refere-se ao idioma principal do documento. O código, como pode-se observar, apresenta um padrão. Primeiramente, é inserido o símbolo matemático < para abrir a *tag,* que, no exemplo, é o HTML. Na sequência, é indicado o atributo, no caso, *lang*, seguido pelo símbolo matemático = (igualdade). Logo após, são abertas aspas, para indicar o atributo da *tag* e, posteriormente, são fechadas. Por último, para encerrar a *tag*, é inserido o símbolo matemático >, que resulta no código <html lang="pt-br">.

Após a *tag* que se refere ao idioma, a próxima que deve ser inserida é a *head*, que corresponde ao cabeçalho de uma página HTML e contém informações sobre o título da página e os metadados. Os metadados são as informações sobre a página e o conteúdo publicado, cuja função é facilitar o entendimento dos relacionamentos e evidenciar a utilidade das informações dos dados. O *head* também contém a *Meta Charset*, que remete à codificação usada pelo documento. A UTF-8 é a mais utilizada na América Latina, porque permite a acentuação, o uso do cedilha e de outros elementos.

Outra *tag* que também compõe a *head* é a *link*. Nesse caso, trata-se de *links* para fontes externas que serão usadas no documento. No exemplo, há uma *tag link* que importa o CSS para a página. O CSS (*Cascading Style Sheets*) é um mecanismo usado para adicionar estilo e padrões de formatação a um documento web, como o estilo de fonte, por exemplo. O atributo rel="stylesheet" informa que o *link* se refere à importação de um arquivo CSS. Por isso, foi inserido antes de informar o tipo e o estilo de texto.

A *tag title* diz respeito ao título da página – ou seja, ao nome do aplicativo. Na linha 7, a *tag head* é fechada: </head>. Na linha 8, é aberta a *tag body*, que corresponde ao corpo do aplicativo. A linha 9 está vazia, porque, no exemplo apresentado, essa página do aplicativo não tem conteúdo. Todas as informações que são inseridas dentro dessa *tag* são visualizadas nos navegadores. A linha 10 representa o fim da *tag body* (o fim do conteúdo da página), representado pelo código </body>. Na linha 11, a *tag* informa que, naquele ponto, termina a página em HTML, como indica o código </html>.

As informações aqui apresentadas exemplificam a construção de um arquivo HTML5. Os aplicativos, para serem desenvolvidos em HTML5, solicitam conhecimentos de CSS e de como ocorre a indexação ao arquivo HTML5, que é uma linguagem, separada do HTML, responsável pelos estilos de exibição em um aplicativo desenvolvido em HTML5. Em razão da grande mistura de códigos com o próprio texto, formatar textos de uma interface visualmente, utilizando somente o HTML5, é algo quase impraticável. Por outro lado, a sintaxe do CSS tem estrutura simples, bastando informar as propriedades e os valores com a abertura e o fechamento de colchetes. Os valores são separados por dois pontos (":"); as propriedades, por ponto e vírgula (";"). A seguir, há um exemplo de programação de um texto na cor azul com o fundo amarelo.

```
{color: blue;
background-color: yellow;}
```

Há, ainda, outras maneiras de declarar tais propriedades. Uma delas é por meio do atributo *style,* dentro do próprio arquivo HTML5, como se vê a seguir:

```
<p style="color: blue; background-color: yellow;">
```

Outro modo de usar o CSS é identificar suas propriedades dentro de uma *tag* <style>, empregando propriedades visuais em outro documento. Dessa maneira, é preciso identificar, no HTML5, a que elemento faz referência. Para isso, faz-se necessário utilizar um seletor CSS, que fará a busca dos elementos na página a receber esse padrão. No exemplo seguinte, um seletor indica que todas as *tags* identificadas com a letra *p* devem ter cor azul e *background,* amarelo.

```html
<!DOCTYPE html>
<html>
<head>
<meta charset="utf-8">
<title>Introdução ao CSS</title>
<style>
p {
color: blue;
background-color: yellow;
}
</style>
</head>
<body>
<p>
O conteúdo desta tag será exibido na letra em azul com fundo amarelo!
</p>
<p>
<strong>Também</strong> será exibido em azul com fundo amarelo!
</p>
</body>
</html>
```

O uso de arquivos externos, geralmente com a extensão ".css", é outro modo de identificar o uso de CSS. Basta informar, no arquivo HTML, o *link* do arquivo com a extensão ".css". Usado de maneira externa, o arquivo em HTML fica mais organizado, porque não é preciso atribuir grande quantidade de informações ao código. Tal informação deve estar contida na *tag* <head> do HTML, como acontece no exemplo a seguir, na parte destacada.

```
<!DOCTYPE html>
<html>
<head>
<meta charset="utf-8">
<title>Sobre a Mirror Fashion</title>
<link rel="stylesheet" href="estilos.css">
</head>
<body>
<p>
O conteúdo desta tag será exibido em azul com fundo amarelo!
</p>
<p>
<strong>Também</strong> será exibido em azul com fundo amarelo!
</p>
</body>
</html>
```

Na página HTML5 do exemplo destacado anteriormente como "estilos.css", as linhas de códigos são as que estão descritas a seguir; esses códigos estão dentro do arquivo denominado *estilos.css*. Assim, só é preciso identificar na página HTML5 a área na qual se encontra o arquivo dessa programação por meio do código href="estilos.css">, não sendo necessário ter toda a programação na página HTML5.

```
p {
    color: blue;
    background-color: yellow;
}
```

Por meio desse conceito, diferentes formatações podem ser inseridas no arquivo, como definição de fontes, com uso do atribuidor *font-family*, e alinhamentos, através do atribuidor *text-align*. Os alinhamentos podem ser centralizados, justificados, alinhados à esquerda e à direita com a aplicação dos atribuidores *center, justify, left* e *right*, respectivamente. O CSS permite, ainda, que sejam inseridos outros atribuidores, como bordas, definição de imagem de fundo etc.

Os elementos que compõem um projeto de design de aplicativos desenvolvido em HTML5 são divididos e distribuídos em cada parte de uma interface gráfica: menu de navegação, cabeçalho, conteúdo e rodapé. Todos esses elementos podem ser formatados de acordo com as características de suas funções na página. No HTML5, para cada divisão, foram desenvolvidas diversas *tags*, com os objetivos de organizar e padronizar as páginas, bem como de informar aos navegadores quais são os conteúdos inseridos em cada *tag*, apresentando a visualização da página sem erros.

No cabeçalho do HTML5, é permitida a inserção do elemento <header>, que, além de conter o título da página, pode abarcar outros elementos, como menu de navegação, campo de buscas, logo etc. Um dos recursos mais utilizados pelos designers de aplicativos é a marca da empresa no elemento <header>, que é visualizado, nos navegadores, ao lado do título da página. Esse recurso facilita a manutenção da identidade visual do aplicativo.

A formatação de interface deve ser uma preocupação constante em todos os projetos, principalmente para construir um aplicativo com grande quantidade de conteúdo. Nesse caso, pode ser necessário criar menus em outras partes, que não somente no cabeçalho. Por isso, é recomendado usar o elemento <nav>, que permite agrupar uma lista de *links* para outras partes do aplicativo e organizá-los em blocos, que podem estar em diferentes locais da interface, como o cabeçalho e o rodapé. Tal elemento representa uma seção de uma tela ou de uma página que aponta para outras telas, outras páginas e/ou outras áreas da página ou da tela em que se encontra – ou seja, é, basicamente, uma seção com *links* de navegação. Ainda, para aplicativos com muito conteúdo, recomenda-se usar a *tag* < section>, indicando seções no aplicativo.

Outro elemento que facilita a formatação é o <footer>, que representa o rodapé de um documento ou de uma seção específica. Pode conter informações sobre autor, direitos autorais (*copyright*), blocos de navegação e *links* relacionados. Esses são alguns exemplos de formatação da interface com HTML5 e CSS3, mas é sempre importante ressaltar que, quando se trabalha com grandes projetos, é necessário contar com um programador profissional.

Os *links* ou *hiperlinks* possibilitam vincular um arquivo a qualquer outro ou a qualquer recurso em um aplicativo HTML5, podendo ser aplicados a diferentes elementos, como imagens e textos, que, depois de serem ativados, direcionam o usuário ou para um URL (endereço) existente no próprio aplicativo ou para um site da internet. A *tag* que indica um *link* é esta: <a>, que deve incluir o atributo *href* (*Hypertext Reference*), endereço de destino do *link*. Dentro da *tag* <a>, é preciso inserir o texto, a imagem ou o elemento, que, ao ser ativado, apontará para o endereço dentro do atributo *href*. Na sequência, mostramos um exemplo de *link* que direciona para a página <https://uninter.com> ao clicar sobre a palavra *Uninter*. O restante do texto – "Seja redirecionado à página da" – não é um *link* e, por esse motivo, não está dentro da *tag* <a>.

<p>Seja redirecionado à página da Uninter
<a href=" https://www. uninter.com/ ">Graduação Ead Uninter</a></p>

Nesse exemplo, o atributo href= é usado para adicionar o *link* de uma página externa ao aplicativo. Assim, para adicioná-lo em determinado ponto da mesma tela do aplicativo, basta utilizar o símbolo # e, em seguida, proceder à identificação do *link*. Por exemplo, para direcionar um *link* para o rodapé do aplicativo, a *tag* deve ser escrita da seguinte maneira: <a href="#rodape"></a>. O ponto para o qual o usuário será direcionado ao clicar no *link* deve ser identificado com o seguinte código: <a name="rodape" id="rodape"></a>. Quando for preciso direcionar um link para outra tela do aplicativo, o valor inserido é a / (barra), indicando o caminho da tela, seguido do nome da tela com a extensão do arquivo .html.

Os *links* externos ao aplicativo, por padrão, são abertos na mesma aba, mas é possível, também, que o *link* seja aberto em uma nova aba, por meio do atributo *target*, que tem os seguintes valores:

_blank, _self, _parent e _top. O valor _blank define que o *link* abra em uma nova aba. Vejamos o exemplo de um *link* que direciona para uma página de contato – em HTML, de nome faleconosco.html –, e está dentro de uma pasta (diretório) chamada sobre. O *link*, então, abre uma nova janela:

```
<a href="../sobre/faleconosco.html" target="_blank">contato</a>.
```

Para incrementar a interface de um aplicativo, a formatação de efeitos visuais transmite um aspecto agradável e harmônico com o uso de imagens, fotografias, textos e tipografias. Recomenda-se que os efeitos visuais não sejam utilizados em excesso, para que não acarretem uma interface cansativa e confusa.

Inúmeras são as possibilidades de formatação de efeitos visuais. Uma é dada pelo *marquee*, que possibilita inserir uma área de rolagem de texto, podendo percorrer essa página da esquerda para direita e também no sentido contrário. Há vários atributos extras para personalização desse efeito como, *behavior, bgcolor, direction, height, hspace, loop, scrollamount, scrolldelay, truespeed, vspace* e *width*. O atributo *behavior* indica como o texto é rolado dentro da área e tem valores como *scroll* (rolar), *slide* (deslizar) e *alternate* (alternar). Caso nenhum valor seja definido, o padrão será *scroll*. Para definir a cor do plano de fundo, o atributo é *bgcolor*, que é definido ou com o nome da cor – *red, blue, green* – ou com um valor hexadecimal.

O atributo *direction* informa a direção da rolagem do texto e pode ser personalizado com os valores *right* (direita), *left* (esquerda), *up* e *down* (acima e abaixo). O padrão para esse atributo é o *left* (esquerdo), caso nenhuma personalização seja aplicada. A seguir, apresentamos dois exemplos dessa formatação.

> \<marquee>Este texto irá "rolar" da direita para esquerda\</marquee>,
> \<marquee direction="up">Este texto vai rolar de baixo para cima.\</marquee>

Para informar a altura do letreiro, as unidades de medida utilizadas são o *pixel* e um valor percentual. O atributo é *height*. Para aplicar uma margem horizontal, usa-se o atributo *hspace*. Já o atributo *vspace* aplica uma margem vertical em *pixel* ou em valor percentual. O atributo *width* define a largura em *pixels* ou em valor percentual. O atributo *loop* define o número de repetições do letreiro, mas o padrão é 1, que indica que a repetição será infinita. Assim, *scrollamount* é o atributo com o qual é definido, em *pixels*, o tamanho de rolagem em cada intervalo. Seu valor padrão é 6.

Para definir o intervalo de tempo entre a rolagem em milissegundos, o atributo que deve ser utilizado é o *scrolldelay*, com valor padrão de 85 e valor mínimo de 60. Dessa forma, qualquer valor menor que 60 será ignorado, aplicando-se, nessas situações, sempre o mínimo. Para especificar valores menores que 60, deve-se utilizar o atributo *truespeed*. Contudo, vale ressaltar, um tempo menor que 60 impossibilita a leitura da tela, pois os olhos humanos não conseguem acompanhar uma rolagem muito rápida.

5.5.1 Formatação de imagens, cores e tipografia

Um dos elementos importantes no design de interface do usuário é a imagem. Para inserir imagens em aplicativos em HTML5, a *tag* utilizada é *img*. Em seguida, acrescentamos *src* (*source*, em inglês), que aponta a origem, o caminho da pasta (diretório) em que está salva a imagem. Também pode ser utilizada a *tag url*, se a imagem estiver hospedada na internet. Para uma imagem, é possível inserir o atributo *alt*, de *alternate text*, que exibirá um texto alternativo. Se, por algum motivo, não for realizado o carregamento da imagem, esse atributo otimizará a busca nos mecanismos de pesquisa. As *tags width* (largura) e *height* (altura) definem as dimensões da imagem em *pixels*; por isso não é indicado aumentar uma imagem, sob o risco de perder sua qualidade. Vejamos um exemplo do código a seguir.

```
<img src="logo.jpg" alt="logo da empresa" width=60 height=40>,
```

O exemplo representa uma imagem na extensão *.jpg* salva com o nome de "logo", com texto alternativo "logo da empresa", no tamanho 60 px (*pixels*) de largura por 40 px de altura.

O HTML5 permite inserir uma imagem como *background* (fundo) de uma interface ou de uma tabela, utilizando a *tag background--image*. Esse fundo pode repetir-se com a adição da *tag background--repeat*. Há, ainda, outros atributos, como o *repeat-x*, para repetir verticalmente; e o *repeat-y*, para repetir horizontalmente. Também é possível definir se a imagem ficará fixa – *fixed* – ou se rolará – *scroll* –, de acordo com a movimentação da barra de rolagem, por meio da *tag background-attachment* e dos valores *fixed* e *scroll*. A posição do plano de fundo pode ser definida com o uso da *tag background-position*. No Quadro 5.2, podemos conferir uma relação dos atributos que podem ser inseridos nessa *tag*.

Quadro 5.2 - **Relação de *tags* de *background* com suas variações**

Tag	Função	Atributo
background	Configura as propriedades do plano de fundo.	background-color, background-image, background-repeat, background-attachment, background-position
background-attachment	Especifica se uma imagem de plano de fundo será fixa ou se rolará com o restante da página.	scroll, fixed
background-color	Configura a cor do plano de fundo de um elemento.	color-rgb, color-hex, color-name, transparent
background-image	Configura uma imagem como plano de fundo.	url, none
background-position	Configura a posição inicial de uma imagem de plano de fundo.	top left, top center, top right, center left, center center, center right, bottom left, bottom center, bottom right, x-% y-%, x-pos y-pos.
background-repeat	Estabelece se uma imagem de plano de fundo será repetida ou não.	repeat, repeat-x, repeat-y

    A *tag background-color* é utilizada para inserir um fundo com cor, utilizando o sistema de numeração hexadecimal. Esses códigos são como misturas de cores RGB (R = *red* (vermelho), G = *green* (verde) e B = *blue* (azul). Para saber qual numeração representa determinada cor no menu seletor de cores do Photoshop, utiliza-se o símbolo #, conforme está indicado na Figura 5.1, na qual, na linha do código em HTML5, é representado a seguinte *background-color*: #151724.

Figura 5.1 – **Código de cores hexadecimal destacado com uma borda azul, Photoshop**

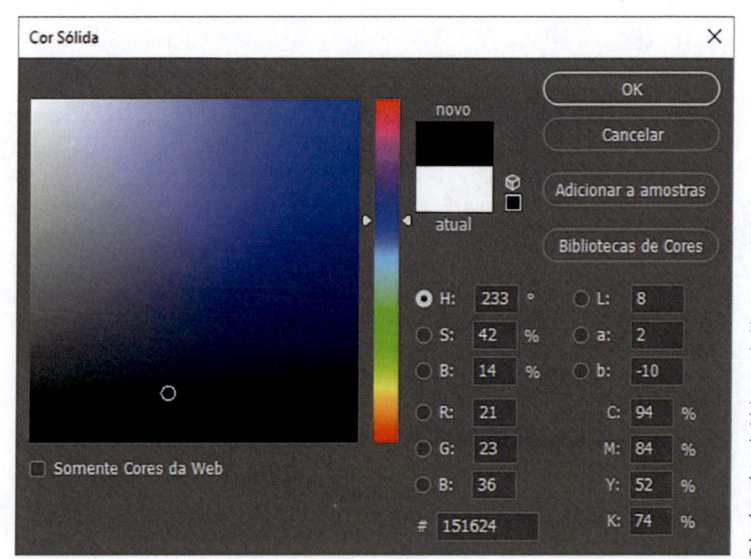

Telas de produtos da Adobe reproduzidas com permissão da Adobe Systems Incorporated

A escolha da tipografia é outro elemento importante do desenvolvimento da interface do usuário. O modo mais prático de formatar tipografias é utilizar o CSS e seus atributos principais. O código da *font-family*, por exemplo, inclui as fontes Verdana, Arial, Helvetica, Sans-Serif. Esse código indica que Verdana é a principal fonte. Caso não seja encontrada, será substituída por Arial. Se Arial não for localizada, será trocada por Helvetica, e assim por diante.

```
<style type="text/css">
<!
.style1 {font-family: Verdana, Arial, Helvetica, sans-serif}
>
</style>
```

Pelo fato de os navegadores, normalmente, utilizarem as fontes instaladas nos sistemas operacionais, não é aconselhável usar fontes desconhecidas. Para definir o tamanho do caractere, utilizamos o atributo *font-size*, que pode ser empregado na unidade de medida *pixel*, como o código *font-size*: 12 px. O atributo *color* indica a cor do texto, que pode ser definida ou pelo valor hexadecimal, ou pelo nome da cor em inglês, como *red*, *blue*, *green* etc., ou pelo valor RGB, separados por vírgula, como 255, 0, 0 para a cor vermelha (R = 255, G = 0, B = 0).

Para definir a altura da linha, o atributo é *line-height*, indicado para acrescentar um espaçamento entre uma linha e outra. O atributo *text-transform* tem vários valores possíveis, como, para caixa alta, o valor *uppercase*; para caixa baixa, o valor *lowercase*; para primeira letra maiúscula (com demais letras minúsculas), o valor *capitalize*. Já para alinhar o texto, a *tag* utilizada é a *text-align*, que tem os seguintes valores: *left*, para texto alinhado à esquerda; *center*, para texto centralizado; *right*, para texto alinhado à direita; e *justify*, para texto justificado. Vejamos, a seguir, um exemplo de linha de código com essa formatação.

```
{font-family: Arial, Verdana, Tahoma, Sans-Serif;color: #333333;font-size: 12px;}p{line-height: 20px;text-align: justify;}.
```

Essas são formatações importantes que podem ser aplicadas ao design de aplicativos desenvolvidos em HTML5. Vale salientar que os aplicativos também podem ser desenvolvidos com programação específica para Android, da Google, e iOS, da Apple.

wee dezign/Shutterstock

CAPÍTULO 6

USABILIDADE, GESTÃO E DESENVOLVIMENTO DE PROJETOS

Alguns fundamentos da usabilidade são relativos a fatores de qualidade e competência de um sistema funcionar com eficiência e facilidade. Nos projetos de design de aplicativos estão inclusos dispositivos como *smartphones, tablets* etc. e suas interfaces. Bastien e Scapin (1993) apontam que a usabilidade está diretamente ligada ao diálogo com a interface e à possibilidade de um aplicativo permitir que o usuário alcance suas metas de interação.

A ergonomia centra-se no uso das ciências a fim de melhorar as condições do trabalho humano. Seu estudo aplica-se a todas as ações dos indivíduos intermediadas por uma interface – física, mecânica, eletrônica ou digital – em que seja necessário acionar controles, programas de computadores, aplicativos, games etc. No contexto atual, a ergonomia dedica-se a estudar as capacidades dos indivíduos de desenvolver determinadas tarefas de maneira confortável e prazerosa. A ergonomia abrange diversas áreas de atuação: ergonomia física, cognitiva, organizacional, entre outras.

Um conceito bastante significativo é o de **ergodesign**, que é a integração entre a ergonomia e o design. Segundo Grandjean (1998), a aplicação dos princípios da ergonomia ao processo de design resulta em um produto atrativo e, ao mesmo tempo, amigável. Assim, o *ergodesign* está presente em nosso dia a dia sem o percebemos. Dispositivos como *smartphones* têm tamanho e peso determinados, com o intuito de, justamente, promover melhor conforto para seus usuários.

A ergonomia e o design, utilizando o conceito de *ergodesign*, têm, como princípio, o direcionamento à criação e à busca pela reunião dos atributos de pessoas, sistemas e aplicativos de maneira simultânea. Os princípios básicos da ergonomia são:

- menor esforço do usuário;
- necessidade mínima de memorização;
- previsão de menos frustração;
- potencialização de hábitos e padrões;
- tolerância máxima de diferenças humanas (no sentido de adaptabilidade);
- tolerância máxima de mudanças ambientais;
- interoperabilidade;
- notificação imediata de problemas;
- controle máximo de tarefas pelo usuário;
- apoio máximo às tarefas.

A palavra *ergonomia* – formada pelos vocábulos gregos *ergon* (trabalho) e *nomos* (lei) – caracteriza a ciência do trabalho, que se estende, atualmente, para diversos aspectos da atividade humana por promover uma abordagem holística e considerar diversos fatores organizacionais, sociais, físicos, cognitivos e ambientais, todos extremamente relevantes.

6.1 Usabilidade nos aplicativos desenvolvidos em HTML5

As diretrizes de usabilidade dos aplicativos desenvolvidos de maneira nativa para os sistemas operacionais iOS e Android estão disponíveis em suas plataformas oficiais. No caso dos aplicativos desenvolvidos em HTML5, isso não acontece. Para as interfaces facilitarem a usabilidade dos usuários, devem atender a critérios que facilitem seu aprendizado, sua eficiência de uso, sua memorização dos passos que foram percorridos com poucos erros; e, logicamente, sua satisfação, cujos parâmetros são de ordem subjetiva. Nielsen e Molich (1990) identificaram dez desses parâmetros cuja denominação foi definida como *heurísticas de usabilidade*:

1. Visibilidade do *status* do sistema.
2. Linguagem familiar ao usuário.
3. Controle do usuário.
4. Consistência.
5. Prevenção de erros.
6. Memorização mínima.
7. Uso eficiente e flexível.
8. Projeto minimalista, simples.
9. Boas mensagens de erro.
10. Ajuda e documentação.

A usabilidade deve ser considerada desde o início do projeto, quando do desenvolvimento do *layout* da interface, de modo a observar e relacionar quais serão as interações entre o usuário e a interface e como serão acionadas tais interações. Para facilitar a usabilidade nos aplicativos desenvolvidos em HTML5, é preciso conhecer como ocorrem as comunicações da interface com o usuário, perscrutando o motivo e o modo como são empregadas. Para propor uma boa usabilidade, é importante compreender as necessidades dos usuários. Dessa forma, esse recurso é utilizado também como ferramenta que melhora a percepção positiva do consumidor em relação ao produto, serviço ou aplicativo, mais especificamente.

Nos projetos de design de aplicativos e de games, a usabilidade deve ser pensada à luz da ergonomia dos diversos dispositivos nos quais serão executados, sendo, normalmente, *smartphones* e *tablets*. Assim, deve-se avaliar que existem diversos modelos de *tablets* e *smartphones*, com formatos, pesos, capacidades e velocidades diferentes. Em projetos que podem ser executados por *notebooks* e *desktops*, é preciso considerar os vários formatos de tamanho de tela e as possibilidades de visualização em *smart* TVs, o que aumenta ainda mais a gama de possibilidades. Todas essas informações devem ser intuídas durante a concepção do *layout* da interface.

Para o desenvolvimento de aplicativos, a usabilidade deve considerar tanto os dispositivos quanto as particularidades dos sistemas operacionais, como Android, iOS e Windows Phone, que disponibilizam informações a fim de evitar erros de usabilidade dos aplicativos em suas plataformas.

6.1.1 Acessibilidade no design dos aplicativos

A acessibilidade no design de aplicativos está relaciona aos procedimentos que devem ser adotados para facilitar a navegação do usuário, permitindo que ele tenha uma melhor experiência. Para os aplicativos desenvolvidos nos sistemas operacionais Android e iOS, existem diretrizes de acessibilidade. Por sua vez, para os aplicativos desenvolvidos em HTML5, são recomendadas as normas de acessibilidade da W3C, consórcio internacional que procura padronizar a web e que também pode ser utilizado em aplicativos. A W3C determina que todas as pessoas tenham as mesmas condições de compreender e navegar de maneira totalmente autônoma em sites e demais serviços disponíveis na web, categoria na qual se encontram os aplicativos.

A acessibilidade depende de algumas ferramentas básicas que devem estar previstas nos projetos de design de aplicativos, como o recurso de aumentar o tamanho dos textos e, se possível, ferramentas que façam a leitura das informações e as reproduzam em áudio. As ferramentas de acessibilidade, também conhecidas como *tecnologias assistivas*, têm o objetivo de promover o acesso aos sites e aos aplicativos para pessoas idosas, com deficiências e mobilidade reduzida. Esse acesso pode ser viabilizado por meio de vários recursos de tecnologia assistiva, como programas leitores e ampliadores de tela, teclados alternativos etc., que podem ser planejados e incorporados às interfaces dos aplicativos. Dessa maneira, para um projeto de design de aplicativos ser acessível, é necessário que todos os usuários, sem nenhuma distinção, tenham acesso a todas as suas funcionalidades.

Ao executar o *download* de um aplicativo, dificilmente o usuário, como primeira ação, procurará manuais, orientações e mapas de navegação. Ao contrário, eles costumam iniciar o uso de um aplicativo por intuição; não procuram mais informações; sequer pensam em como será esse processo. Por isso, no design de aplicativos e de games, é importante utilizar as técnicas do **design intuitivo**, as quais buscam tornar a experiência dos usuários com as interfaces naturais diretas e instantâneas. Na prática, é preciso adequar a interface dos projetos às expectativas dos usuários quanto à interação com a interface.

A técnica *breadcrumbs*, normalmente conhecida como *navegação estrutural*, facilita a intuição do usuário pois orienta e informa qual é sua localização de navegação. Os *breadcrumbs* podem ser organizados de diversas maneiras. Uma delas é por meio de cores, apresentando a real localização do usuário ou do jogador no projeto ou na fase do game. Por exemplo, em um aplicativo corporativo desenvolvido em HTML5, para chegar à página dos valores da empresa, o usuário, primeiramente, acessa a tela inicial; em seguida, a tela "Empresa"; e, por último, a tela "Valores". Tal processo pode ser indicado da seguinte maneira: Inicial > Empresa > Valores.

6.2 Roteiro de projeto de design para aplicativos

Na produção de design de aplicativos, é importante planejar o desenvolvimento de todas as etapas. O primeiro passo é identificar uma problemática, o que pode ser feito por meio de uma pesquisa de mercado ou tendência, podendo-se realizar a análise de um aplicativo que já está no mercado e/ou de um novo projeto.

O próximo passo é construir um roteiro de projeto com base na problemática levantada. Esse roteiro serve como referência para os processos de produção, criação e divulgação de um projeto de design de aplicativo: parte-se de uma ideia inicial com o objetivo de pôr em prática o desenvolvimento do projeto. O conteúdo do planejamento deve ser adaptado às particularidades de cada ideia, mas, independentemente daquilo que será desenvolvido, é fundamental seguir um roteiro.

O primeiro ponto da construção do roteiro de projeto é a definição, de maneira clara, das metas e dos objetivos. Nessa etapa, faz-se necessário responder, pelo menos, às sete questões a seguir quanto ao projeto de design de aplicativo que será desenvolvido:

1. Que soluções o aplicativo apresentará?
2. Qual será seu diferencial?
3. Qual será seu objetivo real?
4. O que o aplicativo oferecerá que os concorrentes ainda não oferecem?
5. Quais são as expectativas em relação ao aplicativo?
6. Qual é a melhor maneira de alcançar tais expectativas?
7. Qual é a sua *persona*?

Na construção de um roteiro de projeto com base na problemática levantada, que pode ser influenciada por diversos fatores, é muito importante definir a **persona**. Revella (2015, p. 21, tradução nossa) explica que *personas* são "personagens fictícios criados para representar os diferentes tipos de usuário dentro de um alvo demográfico, atitude e/ou comportamento definido que poderia utilizar um site, uma marca ou produto de um modo similar. Personas são uma ferramenta ou método de segmentação de mercado". A construção de *personas* depende de informações de clientes reais que apontem o usuário ideal de um aplicativo. Com base nessas informações, é estabelecido um perfil simulado desse usuário ideal.

O próximo ponto de um roteiro é determinar quais serão os recursos necessários para transformar o projeto de design de aplicativo em realidade. A questão financeira é uma das mais relevantes, afinal: Que quantidade de recurso é necessária para que o projeto do aplicativo saia do papel? Nesse momento, são levantadas informações orçamentárias para o desenvolvimento do projeto, que incluem custos com equipe, parceiros, equipamentos, infraestrutura e plataformas. Além disso, é preciso verificar se haverá investidores ou financiamento coletivo e o quanto será preciso investir no projeto, seja com relação ao tempo, seja com relação ao dinheiro.

Na sequência, deve-se ponderar a respeito da formação da equipe, cujas funções e tarefas têm de ser adequadamente distribuídas entre seus integrantes. Essa etapa é relevante para que todos os participantes do projeto se sintam responsáveis e engajados tanto na criação quanto na produção. Em seguida, no roteiro deve constar o desenvolvimento do cronograma, considerando todas as etapas do projeto: planejamento, criação, produção e entrega.

Por fim, o acompanhamento é fundamental. Um projeto de design de aplicativos não termina quando o produto foi lançado e já está em pleno funcionamento. Portanto, é necessário estabelecer estratégias de acompanhamento após a entrega do projeto, planejando, por exemplo, como será feita a avaliação de *feedbacks* e o monitoramento da experiência do usuário (UX, do inglês *User Experience*). Nessa etapa, é mensurado o resultado do projeto de design de aplicativo. Por mais que o aplicativo tenha sido planejado e testado, não pode ser considerado 100% pronto até que os usuários o experimentem.

6.2.1 Estrutura analítica de projeto (EAP) e cronograma

Depois de conhecer as etapas para a construção de um roteiro de projeto e descrever sua problemática, o profissional de design de aplicativos deve começar a elaborar a estrutura analítica de projeto (EAP).

Primeiramente, é preciso não confundir EAP com o cronograma, pois este deve ser elaborado somente após a concepção da EAP. Dessa maneira, fica mais fácil organizar as informações no cronograma de modo sequencial.

A EAP retrata fragmentos do escopo em formato de atividades ou tarefas que desenham o projeto. Nela, são desmembrados detalhadamente os afazeres do nível macro ao micro, relatando tudo que é necessário ser desenvolvido e entregue durante a execução dos trabalhos. A construção de uma EAP, normalmente, é desenvolvida pelos profissionais mais experientes: os gestores. Em alguns casos, podem ser auxiliados por colaboradores especializados em cada etapa do projeto. Na sequência, listamos, resumidamente, algumas orientações, com o intuito de simplificar a construção de EAP.

- Decompor a EAP em fases, atividades e níveis fáceis de ser gerenciados.
- Planejar as entregas, não as ações.
- Dividir os pacotes de trabalho em tempo adequado.
- Utilizar modelos de EAP de projetos já concluídos para otimizar o trabalho e aproveitar as experiências vividas.
- Atentar ao custo do gerenciamento, a fim de que não seja maior do que o custo da tarefa.

É comum surgirem dúvidas sobre a diferença entre EAP e cronograma de projetos, e, ainda, quanto à real necessidade de se produzir esses dois documentos, já que, para ambos, o grau de divisão de tarefas depende da capacidade e da necessidade do gestor administrar cada etapa. Todos os projetos têm suas particularidades: nos projetos de design de aplicativos de grande porte e de games extremamente complexos, por exemplo, dificilmente todas as etapas serão detalhadas, visto que são muitas, sendo quase impossível controlá-las minuciosamente. O mesmo, porém, não acontece em projetos de pequeno porte, cuja administração pode ser mais minuciosa e controlada quanto ao desenvolvimento de tarefas. Existem alguns casos de gestores que migram de projetos pequenos para grandes, e o padrão de cuidado pode travar o processo de desenvolvimento e lhe gerar uma enorme carga de trabalho extra.

Cronograma de projeto e EAP são distintos porque a EAP, depois de finalizada, torna-se um documento de consulta, que somente é modificado caso haja grandes mudanças no projeto. Já o cronograma é alterado e atualizado diariamente; a depender do tipo de projeto em curso, as atualizações podem ocorrer de hora em hora. Tais revisões e alterações advêm das dificuldades impostas ao trabalho e à execução de todas as etapas. Daí a importância de cultivar uma boa organização do cronograma de projetos. Desse modo, o cronograma de projetos pode ser compreendido como uma base que exibe, graficamente, cada item da EAP em uma escala de tempo, indicando o período em que as etapas devem ser realizadas. A quantidade de tempo para executar uma tarefa é seu intervalo, considerando, ainda, o número de pessoas necessárias para que isso aconteça.

A organização do cronograma de um projeto é mais eficaz em plataformas de gestão de projetos *on-line*, que tende a ser definida a partir do cronograma de atividades, pois nele são indicados os pontos de início e fim de cada tarefa, desenvolvendo uma cadeia sequencial e lógica. Nos casos em que o projeto não é desenvolvido sequencialmente, o cronograma auxilia a organização a evitar possíveis lacunas durante o processo. O cronograma tem, como objetivo principal, oportunizar que as etapas sejam finalizadas no prazo estipulado, configurando-se como um fator importante para que o cliente contratante do aplicativo esteja satisfeito.

Para organizar o cronograma de um projeto, é necessário considerar as variáveis, tendo como base seu escopo, e o conhecimento das etapas que devem ser percorridas, bem como dos recursos necessários para finalizá-lo. Com o cronograma, é possível identificar visualmente a ordem das etapas do projeto e garantir que tudo ocorra dentro dos prazos e os ajustes necessários sejam efetuados. De certa forma, o cronograma mapeia o projeto e facilita a identificação de etapas problemáticas. O cronograma elaborado em uma plataforma de projetos *on-line* mensura, também, o desempenho da equipe.

Desse modo, o cronograma é uma ferramenta eficaz de comunicação, visto que apresenta os trabalhos a serem desenvolvidos, os recursos da empresa que serão utilizados e os prazos que precisam ser cumpridos para que o projeto seja finalizado.

6.3 Gestão de projeto de design de aplicativos

O profissional que trabalha com produção de design de aplicativos, em diversas situações, é o responsável não só por gerenciar etapas relacionadas à identidade visual, ao *front-end* e à *User Interface* (UI, em português "interface do usuário"), mas também por todo o processo de desenvolvimento do projeto. Para todas as situações, são necessários conhecimentos de gestão de projetos – gerência ou de administração de projetos.

Nesta altura, recomendamos que sejam revisitados os conteúdos estudados ao longo dos capítulos anteriores, que tratam dos conhecimentos administrativos necessários ao designer, bem como das habilidades e técnicas de estruturação de funções referentes a um conjunto de objetivos pré-definidos em determinado prazo, levando em conta o custo e a qualidade mediante os recursos técnicos e de pessoal.

Para elaborar um planejamento de projeto de design de aplicativos com eficiência, é necessário que todos os profissionais disponibilizem tempo e empenho, ou seja, que não somente o gestor esteja compromissado com o projeto. O uso de recursos para auxiliar o dia a dia deve concentrar informações, dados e, até mesmo, ferramentas que facilitem incluir ideias que surjam no desenvolvimento do projeto e que possam ser compartilhadas com toda a equipe.

As ferramentas mais comuns no planejamento de projetos de design de aplicativos são direcionadas à organização das etapas do trabalho: controles em planilhas, uso de pastas colaborativas pelos membros da equipe e compartilhamento de todos os documentos relacionados aos projetos. Assim, se o planejamento é compartilhado e manipulado por todos os membros, há o risco de perda ou de corrupção de tais documentos, pois torna-se difícil limitar e controlar os documentos que devam e possam ser acessados por cada membro da equipe. Desenvolver o planejamento de projetos de design aplicativos com recursos que não são adequados transmite a ideia de amadorismo na gestão. Isso influencia o modo como o planejamento é visto pelos colaboradores e pelos clientes, porque, na maioria dos projetos, os clientes acompanham seu desenvolvimento, acessando as informações disponibilizadas pelo gestor.

Por isso, é importante utilizar plataformas de gestão *on-line*. O planejamento de projetos de design de aplicativos não pode ser desempenhado com acúmulo de papéis, falhas ou falta de comunicação da equipe e controle fragmentado de informações. As inovações tecnológicas proporcionaram um número amplo de ferramentas de gestão que facilitam o gerenciamento, o planejamento e o processo de execução e de documentação de um projeto. Conhecidas como *plataformas de gestão de projetos on-line*, lidam com as atividades e servem para acompanhar o cronograma de tarefas e o desenvolvimento do projeto. Nessas plataformas, é necessário organizar a coleta de informações para que haja uma gestão eficaz.

O Trello é um exemplo de plataforma de gestão de projetos gratuita. Tem algumas limitações de uso, mas é de fácil compreensão. Sua interface é simples e intuitiva. A organização dos projetos e sua representação ocorre por meio de quadros ou cartões nos quais são inseridas as listas de tarefas. Essas listas são compartilhadas por toda a equipe em tempo real e admitem a possibilidade de atribuição de atividades. Outras plataformas de gestão de projetos *on-line* que podem ser empregadas no desenvolvimento de aplicativos, são apresentadas no quadro a seguir.

Quadro 6.1 – **Lista de plataformas de gestão *on-line***

Plataforma	URL
Producteev	https://producteev.en.softonic.com/web-apps
Operand	https://www.operand.com.br/
Teamwork	https://www.teamwork.com
GanttProject	http://www.ganttproject.biz

(continua)

(Quadro 6.1 – conclusão)

Plataforma	URL
Slack	https://slack.com/
Basecamp 3	https://basecamp.com
Monday.com	https://monday.com/features
Paymo	https://www.paymoapp.com
Mavenlink	https://www.mavenlink.com
Yanado	https://yanado.com
ClickUp	https://clickup.com
Redmine	https://www.redmine.org
Artia	https://artia.com
Runrun.it	https://runrun.it/
Podio	https://podio.com
Bitrix24	https://www.bitrix24.com
Asana	https://asana.com/pt
MeisterTask	https://www.meistertask.com
Pipefy	https://www.pipefy.com/
Zenkit	https://zenkit.com/pt-br/
Hibox	https://www.hibox.co/pb/
Azendoo	https://www.azendoo.com
Avaza	https://www.avaza.com
Redbooth	https://redbooth.com
Accelo	https://www.accelo.com/
Jira	https://www.atlassian.com/br/software/jira

Além dessas plataformas, existe, ainda, a Wrike, cujo gerenciamento de projetos é mais direcionado às equipes de desenvolvimento e criação. Um de seus recursos interessantes é uma ferramenta que permite editar e executar a gestão de arquivos na própria plataforma, otimizando o trabalho colaborativo. Os membros das equipes, quando desejam indicar alterações e fazer comentários, podem, simplesmente, utilizar menções com arroba (@), ao estilo de redes sociais como Facebook, Instagram, Twitter, entre outras. A Wrike conta com as versões paga e gratuita, que podem ser personalizadas conforme a área de atuação e o tamanho do projeto ou da empresa.

6.3.1 Plataformas de gestão de projetos *on-line*: Qual escolher?

Existem inúmeras ferramentas para gestão de projetos *on-line*. Todas têm particularidades e contam com funções diferentes. Recomenda-se que o profissional de designer de aplicativos utilize a plataforma mais adequada ao perfil de suas necessidades. Primeiramente, é importante colher indicações de profissionais que já utilizem a plataforma escolhida. No momento da escolha, certos fatores podem ser analisados para definir a ferramenta ideal de gestão de projetos.

A complexidade dos projetos de design de aplicativo é um fator que deve ser considerado quando da seleção da plataforma. Há plataformas direcionadas a projetos com grande volume de informações e alta complexidade. Agora, caso o projeto não seja tão complexo, o ideal é trabalhar com plataformas mais simples, pois o uso de recursos complexos sem que sejam realmente necessários pode dificultar a gestão do projeto. No caso das plataformas pagas, o custo pode representar uma despesa desnecessária.

Outra forma de definir a plataforma de gestão de projetos *on-line* é a área de atuação do projeto. Há inúmeras ferramentas especializadas no auxílio a determinadas áreas, como criação de conteúdo, desenvolvimento de *softwares*, *marketing* e criação de aplicativos. Utilizar uma ferramenta especializada traz benefícios, pois elas apresentam recursos específicos para atender a equipe envolvida na área do projeto.

Outra característica que deve ser observada é a facilidade de acesso e de navegação da plataforma. O propósito dessas plataformas é, justamente, o de descomplicar a vida do gestor e de sua equipe. Por isso, é recomendável que, antes de definir qual plataforma utilizar, sejam feitos testes, com o intuito de verificar se a plataforma realmente oferece uma navegabilidade eficaz e um carregamento rápido, que facilitem o acesso e a comunicação de todos os colaboradores da equipe. Além disso, é importante checar se dispõe de uma versão de aplicativo para *smartphones* com os principais recursos encontrados na versão para *desktop*, o que garante o acesso dos colaboradores em todos os lugares. Para os planos empresariais, nas versões pagas, é fundamental que a plataforma tenha um suporte sempre disponível, a fim de sanar dúvidas quanto à usabilidade da ferramenta e auxiliar na resolução de eventuais problemas.

6.4 Design de interfaces para aplicativos de games

Para o design de aplicativos direcionado a games, faz-se necessário, primeiramente, conhecer as principais características técnicas do desenvolvimento de games mobile. A primeira etapa, normalmente, é determinar a plataforma em que o jogo será executado. Essas plataformas podem ser os dispositivos móveis, como *smartphones* e *tablets*, mas também consoles, computadores, *notebooks*, *smart* TVs, entre outras possibilidades. Portanto, é essencial conhecer as particularidades da plataforma para a qual o game será desenvolvido e elaborar baterias de testes no decorrer de seu desenvolvimento, a fim de minimizar erros e identificá-los antes do lançamento do aplicativo, bem como de antecipar *feedbacks* de potenciais jogadores.

Embora seja importante que os games funcionem em multiplataformas, várias empresas de desenvolvimento adotam apenas uma plataforma específica, adaptando seus games às demais apenas após sua implementação funcional. Esse procedimento pode ser aplicado por empresas cujos games foram desenvolvidos para uma única plataforma de console e precisam ser adaptados para mobile, por exemplo.

As principais características técnicas do desenvolvimento de games mobile são similares às das outras plataformas, mas é relevante que as regras do jogo sejam mais simples. Esse atributo torna-se uma vantagem, pois melhora a jogabilidade do game. Além da empresa de desenvolvimento, outras organizações participam do desenvolvimento dos games mobile, e sua comercialização é intermediada pelas lojas de aplicativos dos sistemas operacionais. Nos games *on-line*, as operadoras de telefonia, de certa forma, também estão envolvidas, pois o fluxo de dados aumenta quando o game é executado. Diante disso, é preciso considerar, no desenvolvimento de games mobile, o espaço que ocupado no dispositivo móvel, a compatibilidade com as lojas de aplicativos e o fluxo de dados do game.

As etapas principais do desenvolvimento de games mobile são *game design document, level design,* arte/animação e programação. Essas etapas são similares às de outras plataformas, mas levam em conta as particularidades da plataforma mobile, principalmente as relacionadas ao peso final do game e à geração do fluxo de dados.

Na prática, a etapa do *game design document* é composta da primeira ideia de planejamento do desenvolvimento do game. Questões de inovação, originalidade, público-alvo e expectativa de mercado são levantadas e indicam comandos gerais de interatividade do game. As características de personagens, *levels* (fases dos game), cenários (prévia das texturas), cores, iluminação, sombras, interação, movimentos, perspectivas, entre outros aspectos de jogabilidade são definidos nessa fase.

Na etapa de *level design*, são traçadas as orientações que comporão o mapa de desafios que o jogador precisará cumprir para passar de uma fase para a outra. "Este trabalho é complementar ao do game designer e de comando necessário à construção das artes conceitos e interfaces desenvolvidas pelo artista de conceito e animadores respectivamente" (Perucia et al., 2005 p. 23).

No processo de criação de arte/animações, são elaborados cenários e personagens em 2D ou 3D, de acordo com as demandas do roteiro. Nos games mobile, é preciso ter cuidado com a complexidade das animações, pois precisam ser carregadas rapidamente, evitando travamentos durante a execução dos aplicativos. Na etapa da programação, os processos anteriores são unificados em um único projeto, apresentando a interface do jogador com a codificação dos arquivos de áudio; nos jogos mais complexos são manipulados até mesmo elementos de inteligência artificial.

No desenvolvimento de games mobile, é importante considerar os recursos disponíveis nos dispositivos, como tela *touchscreen*, sensor de movimentos, bem como as condições e os locais onde o jogador executará o game, que podem ser em uma fila, no transporte público, no intervalo de atividades de trabalho/estudo. Pensando nisso, uma das características dos games mobile são jogos de curta duração, isto é, com partidas rápidas. Contudo, isso não é uma obrigatoriedade, mas torna-se um fator relevante quando se sabe que os games mobile, na maioria das vezes, são utilizados como passatempo. Alguns jogadores os consideram, ainda, como atividades que suplantam algum tempo ocioso entre o funcionamento de outra plataforma, como consoles, *smart* TVs, computadores e *notebooks*.

Por fim, devem ser previstas as situações que só podem acontecer nessa plataforma, como a possibilidade de o jogador receber uma ligação ou uma notificação durante o jogo. Existem vários parâmetros definidos para essas situações, mas é necessário pensar em quais serão as ações que o jogador poderá executar nesses contextos, pois afetam diretamente a fluidez do game, principalmente se for de longa duração.

6.4.1 Ferramentas para o desenvolvimento de aplicativo de games mobile

Com a popularização de *tablets*, *smartphones* e outros dispositivos, as ferramentas para o desenvolvimento de games passaram por grandes mudanças, adaptando-se às novas formas de jogar, às telas menores e a outras características de dispositivos mobile. Uma das ferramentas criadas foi a *game engine* ou "motor de jogo". Trata-se de *software*s ou de bibliotecas que simplificam o desenvolvimento de games e podem incluir motor para renderização de gráficos de 2D ou 3D. Os motores de jogos podem ter bibliotecas específicas, por exemplo, para um game de corrida, podem apresentar uma programação que detecta batida, aceleração e frenagem. Os *game engines* têm suporte para áudio, inteligência artificial, gerenciamento de memória do dispositivo, entre outros recursos – ou seja, têm toda a estrutura para a construção de games.

Os *game engines* permitem que, por meio de suas ferramentas, jogos possam ser executados por desenvolvedores individuais – *indie developers*. Algumas ferramentas são gratuitas, ao passo que outras são pagas. Unity 3D, Unreal Engine, libGDX e Corona SDK são exemplos de ferramentas para o desenvolvimento de *games mobile* e multiplataformas. Com essas ferramentas, aspectos de programação e alguns efeitos de animação já estão estruturados. Dessa maneira, os profissionais podem centralizar sua atenção no jogador, em sua interação com o game, bem como em aspectos da jogabilidade em geral.

A ferramenta Unity 3D é um *game engine* com interface simples para desenvolvimento de games em 2D e 3D. A estruturação do jogo é feita por cenas em seu editor, sendo necessário apenas arrastar os recursos para área de criação. A ferramenta conta com uma biblioteca *on-line* que permite a busca de recursos e desenvolve games multiplataformas para iOS, Android, Windows, web (HTML5) e para os principais consoles disponíveis.

A ferramenta Unreal Engine, por sua vez, também é multiplataforma e desenvolve games em 2D e 3D. Seu foco está nos projetos que demandam uma melhor *performance*. Contudo, embora esse *software* seja gratuito, existem termos relacionados ao pagamento de *royalties* sobre os ganhos com os games criados. A libGDX desenvolve games em 2D e 3D de baixa a média complexidade, os quais não precisam de emuladores para serem executados em aparelhos Android e *desktops*, pois a ferramenta é multiplataformas. O Corona SDK é voltado ao desenvolvimento de games em 2D e não oferece suporte para games em 3D, permitindo desenvolver games para as plataformas iOS e Android, nas quais é possível inserir ferramentas de monetização, como propagandas, *banners* etc. O Corona SDK apresenta linguagem de programação simples e intuitiva e contém versões gratuita e paga, além disso, é multiplataformas.

Essas são apenas algumas ferramentas disponíveis para o desenvolvimento de games mobile, as quais, em sua maioria, são multiplataformas. Outro destaque são os *frameworks*, conjuntos de códigos de uma linguagem de programação específica que auxiliam o desenvolvimento de um *software*, como um game, por exemplo. As vantagens de uso de *frameworks* são o baixo nível de programação e o maior controle na programação do game. Existem vários *frameworks* que desenvolvem games em várias linguagens, como Java, que funciona de maneira unificada em várias plataformas mobile – iOS, Android, Windows, Mac, Linux e HTML5. O *framework Projeto Mono* é compatível tanto com plataformas de dispositivos móveis quanto com computadores e consoles. O *MonoGame* também é outro *framework* multiplataforma, e os games que desenvolve nativamente são de fácil portabilidade.

6.4.2 Conceitos de customização de controles, texturas e objetos

Os controles dos games de consoles são os periféricos usados para interagir nos jogos. Em computadores e em *notebooks*, embora possam ser utilizados os periféricos, os games podem ser controlados por meio do *mouse* e do teclado. Nos dispositivos móveis, por outro lado, o uso de periféricos quase não existe. Dessa forma, no desenvolvimento de games mobile, entre outras considerações, é necessário pensar em como serão os conceitos de customização de controles, o que inclui definir a localização dos botões na interface e analisar quais recursos dos dispositivos mobile podem ser utilizados no controle de um jogo.

Os sensores de movimento, por exemplo, podem ser usados na customização de controles, mas não se pode esquecer do conforto do jogador. Em um game de corrida, é comum utilizar os sensores que identificam a inclinação do *smartphone* ou do *tablet* como controle – ou seja, se, por exemplo, o aparelho estiver inclinado para a esquerda, será efetuada uma curva nessa direção.

Quando o game for de longa duração, é importante estudar as tecnologias disponíveis nos dispositivos móveis, a fim de proporcionar conforto e uma melhor experiência ao jogador, prevendo que pode ser jogado em diferentes ambientes. Nesse sentido, é preciso avaliar tanto as tecnologias dos dispositivos móveis que existem na maioria dos aparelhos quanto as que pertencem a apenas alguns modelos de *smartphones* e *tablets*; essas tecnologias, vale dizer, podem disponibilizar recursos e ser utilizadas como atrativos no controle e na customização de um game.

Além da customização de controles, é importante considerar as texturas, que são as cores e/ou as imagens aplicadas a personagens, cenários, objetos, ou seja, a todos os elementos dos jogos. As texturas tornam os games mais realísticos, pois buscam representar, o mais fidedignamente possível, elementos da realidade, utilizando, para tanto, atributos de cores, sombras, relevo etc. As texturas garantem a qualidade dos gráficos que são apresentados nos games; se for utilizada uma textura de baixa qualidade, isso pode resultar em gráficos com irregularidades e, às vezes, dificultar a compreensão daquele elemento. É preciso cuidado com as texturas, pois podem tornar o game pesado e atrapalhar o *download* e a execução em um dispositivo móvel. As texturas precisam ter um visual agradável, principalmente se o game for de longa duração, uma vez que o jogador ficará um longo tempo com olhos direcionados para a tela do dispositivo móvel.

Os objetos também são elementos importantes no desenvolvimento de games mobile. Entra na categoria de objeto tudo o que o jogador pode visualizar e com o que pode interagir no ambiente virtual do game. Cada objeto adicionado a um game conterá algum tipo de atributo, desde informações complexas até um simples dado de localização de um objeto no ambiente virtual. Os objetos podem ter atributos estáticos, como textura e cor fixas, e dinâmicos, como acontece em um jogo de xadrez, em que a rainha tem as habilidades de todas as demais peças do tabuleiro.

Os objetos podem ser elementos de vários tipos. Por isso, é importante, para aprimorar a experiência do jogador, não o sobrecarregar com objetos desnecessários. Na prática, um game *on-line*, por exemplo, deve conseguir decidir quais objetos serão visualizados para todos os jogadores e quais serão mostrados apenas para alguns jogadores, de acordo com cada ponto de vista. A quantidade de objetos apresentada aos jogadores, quando da adaptação de um game de console de longa duração para o ambiente mobile, é um aspecto que garantirá a fluidez do jogo e a imersão do usuário.

6.5 Estratégias de pós-lançamento de um aplicativo

Estratégia é uma das palavras mais utilizadas em várias áreas. Na área de design digital, que inclui a de design de aplicativos, não é diferente: quando uma empresa procura um profissional da área estratégica, busca, na verdade, uma solução, seja para investir em uma campanha, seja para o desenvolvimento de um aplicativo. A solução precisa ser embasada em métodos bem planejados e deve executar manobras que permitam alcançar o objetivo esperado. O profissional de design de aplicativos com conhecimentos estratégicos se destaca no mercado e já desenvolve aplicativos com foco estratégico.

Os avanços tecnológicos proporcionam aumentos quase diários da capacidade de processamento de informações – por meio de computadores, *notebooks*, *smartphones*, *tablets*, IoT (internet das coisas) etc. Ao mesmo tempo, a infraestrutura da internet abre um leque enorme de possibilidades, informações e conteúdos disponíveis, o que faz com que seja necessário traçar estratégias dentro de uma sociedade digital. Para isso, primeiramente, é necessário compreender como funcionam essas tecnologias, a fim de, posteriormente, apresentar soluções para alcançar o objetivo esperado.

Hoje em dia, é fácil constatar a tendência de alguns negócios migrarem para o mundo *on-line*. Há, ainda, os que já nasceram totalmente digitais, como é o caso das *startups*, consideradas empresas emergentes cujo foco de aprimoramento do próprio modelo de negócio está pautado em tecnologias, sendo o uso de aplicativos uma de suas principais características; e os que, por outro lado, ainda não participam desse mundo. Todos os tipos de negócios devem encontrar uma forma de marcar sua presença no mundo digital, sendo os aplicativos uma das soluções mais recomendadas.

Existem várias estratégias que podem ser utilizadas no design de aplicativos. Por exemplo, antes de um lançamento, com o intuito de detectar problemas, podem ser feitos testes A/B. Assim, após a análise dos resultados, será possível, se necessário, revisar a estratégia e conhecer a visão do público-alvo, sobretudo quanto a aspectos comportamentais. Para avaliar os dados dos testes A/B, deve-se, primeiramente, ter a certeza de que foram coletados corretamente. Para testes de projetos de design de aplicativos, existem várias ferramentas capazes de mensurar os resultados, o que torna desnecessário um monitoramento total dos testes. Cada tipo de teste demanda, ainda, um tempo mínimo para a avaliação de resultados. Deve-se tomar cuidado para não realizar uma avaliação precoce e, com isso, propor alterações com base em apenas uma pequena amostra. Conforme a estratégia adotada, é recomendável aguardar a quantidade predeterminada de testes, com o objetivo de alcançar os números estatísticos significantes e de, assim, ter respaldo suficiente para avaliar os dados obtidos nos testes A/B.

Se a estratégia for efetuar testes A/B em ambiente não controlado – ou seja, testar um projeto de design de aplicativos disponível nas lojas virtuais, como a Google Play ou a Apple Store –, o tempo de avaliação dos resultados podem variar de acordo com o volume de tráfego do aplicativo. Algumas empresas desenvolvedoras de aplicativos utilizam o lançamento de versões beta como estratégia para, justamente, colher dados dos usuários, o que pode ser positivo, pois o teste é feito com usuários do aplicativo. Como se sabe, sempre é arriscado lançar um aplicativo que não foi devidamente testado pelo consumidor.

Após avaliar o tempo necessário para coletar os dados dos testes A/B, é preciso escolher as métricas, responsáveis por indicar os elementos que obtiveram resultados mais satisfatórios. A escolha da métrica depende do objetivo do teste A/B. Vejamos o exemplo do teste da influência da cor de um botão de um aplicativo de compras, também conhecido como *Call to Action* (CTA). A métrica indicada é: número de cliques de CTA. Dessa forma, na avaliação dos dados dos testes de A/B, a variação que obteve a maior quantidade de cliques será identificada como a vencedora. Esse método pode ser utilizado para analisar quaisquer dados, sempre de acordo com a métrica adequada. Existem recursos e ferramentas que avaliam dados dos testes de A/B, identificam e apontam os resultados. As mais sofisticadas fazem as alterações automaticamente, mas é necessário que essas mudanças mantenham a identidade visual do aplicativo.

Após a aplicação dos testes, no momento da releitura dos dados, se for constatado que, na versão do aplicativo disponível nas lojas, alguns elementos avaliados obtiveram mais sucesso do que outros, é recomendável redefinir as estratégias. A leitura dos dados deve ser elaborada minuciosamente. Então, caso, realmente, por exemplo, títulos, textos e a presença de CTA obtenham melhores resultados do que os de outra versão, é importante manter essa mesma identidade nas futuras alterações do aplicativo.

A visão de público-alvo é um dos estágios fundamentais no momento de planejar quaisquer estratégias para um aplicativo. O processo de identificar o segmento está em vislumbrar as oportunidades de modo que possam servir como orientação para a empresa ou a marca. Nos projetos de design de aplicativos, a visão de público-alvo é ainda mais incisiva, pois esse nicho é constituído por usuários ou visitantes segmentados – ou seja, por pessoas de perfil parecido. Assim, o público-alvo deve ser o foco das estratégias; e uma das vantagens estratégicas é a possibilidade de personalizar os aplicativos de acordo com a visão do público-alvo, que apresenta necessidades específicas a depender da idade, localização, hábitos comportamentais etc.

Assim, hábitos, desejos, estilo de vida, preferências, necessidades e a visão diferem de público-alvo para público-alvo, mas as estratégias do aplicativo podem entregar soluções segmentadas e personalizadas se os dados forem analisados corretamente. É relevante ter uma visão mais ampla do público-alvo, pois não representa apenas os usuários de um aplicativo, mas sim toda a cadeia que pode ser impactada pela marca e que, de certa maneira, tem o poder de decisão de compra. Por exemplo, para os artigos infantis, existem legislações que não permitem que as crianças sejam incentivadas a pedir a seus pais a compra de um brinquedo. Nesse caso, o público-alvo, mesmo que indiretamente, é formado pelos pais. Assim, é preciso cuidado com o desenvolvimento de aplicativos para o público infantil.

Portanto, a visão dos usuários é o alicerce para o desenvolvimento de todas as estratégias, sejam quais forem os recursos utilizados, caso o interesse seja obter o melhor posicionamento do aplicativo no mercado.

considerações finais

Quando a maioria das pessoas acorda, sua primeira ação é olhar seu *smartphone*, que geralmente tem instalado aplicativos de trocas de mensagens e de redes socais. Apenas esse comportamento seria suficiente para justificar a relevância do estudo do design de aplicativos. Além disso, outros dispositivos móveis, como *tablets* e *smartphones*, acompanham as pessoas durante todo o decorrer do dia/noite, seja em suas atividades de trabalho, estudos, entretenimento, como no caso dos aplicativos de games, seja na hora de dormir.

Os assuntos abordados neste livro abarcaram desde os aspectos introdutórios do design de aplicativos até a gestão prática de conceitos sobre o desenvolvimento de projetos de aplicativos de pequeno, médio ou grande portes, com objetivo de englobar o máximo possível dos conteúdos relacionados a esse tema. Mas, vale lembrar: essa área, em razão de seu dinamismo, sofre atualizações e avanços tecnológicos praticamente quase todos os dias.

Inicialmente, resgatamos o contexto histórico do design gráfico até alcançarmos as interfaces mobile. Nessa altura, aprofundamos o conhecimento sobre design de aplicativos para interfaces mobile e plataformas e tecnologias de design de interfaces para os dispositivos móveis, que são temas fundamentais para compreender o desenvolvimento do design de aplicativos na contemporaneidade.

Além disso, apresentamos os tipos de aplicativos mobile, passando pela conceituação de design de interface, pelos fundamentos da criação de um design de aplicativos, pelas noções mais práticas por meio de plataformas de construção de aplicativos mobile e, por fim, aprofundamos os atributos dos construtores de design de aplicativos.

Na sequência, tratamos da fundamentação e do contexto histórico do design, bem como do uso de apps, com aprofundamento teórico das referências relacionadas à arte e ao design, que são assuntos relevantes no universo do design de aplicativos. Nesse momento, também abordamos os fundamentos da teoria semiótica e discutimos a aplicação de signos e significados no design de aplicativos, assim como o uso de signos no design de interfaces para mobile, pois os profissionais que dispõem desse conhecimento desenvolvem interfaces mais fundamentadas e consistentes. Ainda, nossa atenção também se voltou aos fundamentos de Gestalt no desenvolvimento de interfaces mobile e técnicas de percepção visual no design de aplicativos, como *visual* design e princípios de design de aplicativos.

Em continuidade, analisamos a aplicação dos princípios do design no design de aplicativos. Em seguida, abordamos o design de aplicativos para Android e iOS, dedicando-nos a cada um deles. Por fim, nos últimos capítulos, versamos sobre interface e experiência do usuário e usabilidade, gestão e desenvolvimento de projetos, além de revisitarmos alguns temas relevantes ao tópico de interesse.

Como se vê, esta obra foi planejada de modo que os três primeiros capítulos tivessem uma abordagem mais teórica para que os três últimos fossem mais práticos, possibilitando, assim, experimentações de design de interfaces. Cabe, mais uma vez, salientar: a área do design de aplicativos é bastante dinâmica, portanto, é necessário estarmos sempre antenados com relação às inovações.

Referências

ADOBE CREATIVE TEAM. **Adobe Photoshop Cs4 Classroom in a book**: guia de treinamento oficial. Porto Alegre: Bookman, 2009.

ADOBE I/O. **Update for Customers Using PhoneGap anda PhoneGap Build**. 2020. Disponível em: <http://phonegap.com/about/>. Acesso em: 10 out. 2021.

AMBROSE, G.; HARRIS, P. **Design th!nking**. Tradução de Mariana Bellodi. Porto Alegre: Bookman, 2011.

APPLE. **Apple Developer**. Disponível em: <https://developer.apple.com>. Acesso em: 10 out. 2021.

BASTIEN, J. M. C.; SCAPIN, D. **Ergonomic Criteria for the Evaluation of Human-Computer Interfaces**. Rocquencourt: Inria, 1993.

BATISTA, C. R. **Modelo e diretrizes para o processo de design de interface web adaptativa**. Tese (Doutorado em Engenharia e Gestão do Conhecimento) – Universidade Federal de Santa Catarina, Florianópolis, 2008. Disponível em: < http://btd.egc.ufsc.br/wp-content/uploads/2010/06/Claudia-Regina-Batista.pdf>. Acesso em: 10 out. 2021.

BLAIR, G. S. The Role of Open Implementation and Reflection in Supporting Mobile Applications. In: INTERNATIONAL WORKSHOP ON DATABASE AND EXPERT SYSTEMS APPLICATIONS, 9., 1998, Viena, Austria. **Anais...** Vienna: IEEE, 1998. p. 394-399.

BONSIEPE, G.; KELLNER, P.; POESSNECKER, H. **Metodologia experimental**: desenho industrial. Brasília: CNPq, 1981.

BROWN, T. **Design thinking**: uma metodologia poderosa para decretar o fim das velhas ideias. Tradução de Cristina Yamagami. Rio de Janeiro: Elsevier, 2010.

BUCHELE, G. T. et al. Métodos, técnicas e ferramentas para inovação: brainstorming no contexto da inovação. In: SEMINÁRIO DE PESQUISA INTERDISCIPLINAR, 7., Florianópolis, 2015. **Anais...** Florianópolis: Unisul, 2015. p. 1-21. Disponível em: <http://www.unisul.br/wps/wcm/connect/95eb03a8-996f-4d78-89e7-e2982649e942/artigo_gt-adm_gustavo-pierry-gertrudes joao_vii-spi.pdf?MOD=AJPERES>. Acesso em: 10 out. 2021.

CARRERA, F. **Marketing Digital na versão 2.0**: o que não se pode ignorar. Lisboa: Sílado, 2009.

COOPER, A., REIMANN, R., CRONIN, D. **About Face 3**: The Essentials of Interaction Design. New Jersey: Wiley, 2007.

CSÍKSZENTMIHÁLYI, M. **Flow**: The Psychology of Optimal Experience. New York: Harper & Row, 1990.

CYBIS, W. de A.; BETIOL, A. H.; FAUST, R. **Ergonomia e usabilidade**: conhecimentos, métodos e aplicações. 2. ed. São Paulo: Novatec, 2010.

DONDIS, D. A. **Sintaxe da linguagem visual**. 3. ed. São Paulo: M. Fontes, 2007.

FERREIRA, V. C. P. et al. **Modelos de gestão**. Rio de Janeiro: Ed. da FGV, 2005.

FORMAN, G. H.; ZAHORJAN, J. The Challenges of Mobile Computing. **Computer**, v. 27, n. 4, p. 38-47, April 1994.

GIESSMANN, A.; STANOEVSKA-SLABEVA, K.; VISSER, B. D. Mobile Enterprise Applications-Current State and Future Directions. In: HAWAII INTERNATIONAL CONFERENCE ON SYSTEM SCIENCE, 45., 2012, Havaí. **Anais...** IEEE, 2012.

GRANDJEAN, E. **Manual de ergonomia**: adaptando o trabalho ao homem. Porto Alegre: Bookman, 1998.

GRILO, A. O que é Arquitetura da Informação e como ela influencia a UX do seu produto. **Comunidade UX design Natal**, 21 maio 2016. Disponível em: <https://medium.com/ux-design-natal/o-que%C3%A9-arquitetura-da-informa%C3%A7%C3%A3o-e-comoela-influencia-a-ux-do-seu-produto-b4f20881b2b4>. Acesso em: 10 out. 2021.

HOURIHAN, M. **What We're Doing When We Blog**. O'Reilly Web Dev, 2005.

KAPP, K. M. **The Gamification of Learning and Instruction**: Game-Based Methods and Strategies for Training and Education. Santiago: Pfeiffer, 2012.

KERCKHOVE, D. O senso comum, antigo e novo. In: PARENTE, A. (Org.). **Imagem máquina**: a era das tecnologias do virtual. São Paulo: 34, 1993.

LAUREL, B. **Computers as Theatre**. New York: Addison-Wesley, 1993.

LEE, H.; CHUVYROV, E. Building Windows Phone Applications. In: LEE, H. et al. **Beginning Windows Phone App Development**. Nova York: Apress, 2012. p. 15-35.

LEONE P.; GILLIHAN, D.; RAUCH, T. Web-based Prototyping for User Sessions: Medium-fidelity Prototyping. In: SOCIETY FOR TECHNICAL COMMUNICATIONS ANNUAL CONFERENCE, 44., 2000, Toronto. **Anais...** Toronto, Canada: STC, 2000. p. 231-234.

LEVY, P. **As tecnologias da inteligência**: o futuro do pensamento na era da informática. Rio de Janeiro: Editora 34, 1993.

LUESCH-REIS, A. M. Comunicação didática e design. In: **Boletim Técnico do Senac**, Rio de Janeiro: Senac, p. 85-106, 1991.

LUPTON, E.; PHILLIPS, J. C. **Novos fundamentos do design**. Tradução de Cristian Borges. São Paulo: Cosac Naify, 2008.

MACHADO, O. G.; DELMONEGO, L. C. A importância da Escola Bauhaus na formação do designer. **Revista Univille**, v. 9, n. 2, p. 68-76, dez. 2004.

MARTINET, J. **Chaves para a semiologia**. Lisboa: Publicações Dom Quixote, 1983.

MATTOS, P. B. **A arte de educar**. cartilha de arte e educação para professores do ensino fundamental e médio. São Paulo: Antonio Bellini Editora e Cultura, 2003.

MAZZOTTI, K.; BROEGA, A. C., GOMES, L. V. N. A exploração da criatividade, através do uso da técnica de brainstorming, adaptada ao processo de criação em moda. In: CONGRESSO INTERNACIONAL DE MODA E DESIGN, 1., 2012, Braga. **Anais...** Universidade do Minho, 2012. p. 2979-2987. Disponível em: <https://repositorium.sdum.uminho.pt/bitstream/1822/21798/2/330%20_%20ORIGINAL.pdf>. Acesso em: 10 out. 2021.

MCAFEE, A. P. Emerald: Mastering the Three Worlds of Information Technology. **Harvard Business Review**, v. 84, n. 11, p. 141-149, 2006.

MCGONIGAL, J. Gaming can make a better world. **TED2010**, Califórnia, 2010. Disponível em: <ttps://www.ted.com/talks/jane_mcgonigal_gaming_can_make_a_better_world>. Acesso em: 10 out. 2021.

MEDCALF, G. Research Revolution. **Marketing Magazine**, Auckland, v. 26, n. 2, mar. 2007.

MEYGIDE, R. Diseño y arte: matéria de reconocimiento. In: CALVERA, A. (Ed.) **Arte¿?Diseño**: nuevos capítulos para una polémica que viene de lejos. Barcelona: Editorial Gili, 2003, p. 160-170.

MOFFATT, K. et al. **Participatory Design with Aphasic Individuals.** Disponível em: <http://www.cs.ubc.ca/~joanna/papers/GI2003_abstract.pdf>. Acesso em: 10 out. 2021.

MOLLERUP, P. **Marks of excellence**: The History and Taxonomy of Trademarks. London: Phaidon Press, 2006.

NEIL, T. **Padrões de design para aplicativos móveis.** São Paulo: O'Reilly Novatec, 2012.

NIELSEN, J. **Usability Engineering.** Londres: Academics, 1993.

NIELSEN, L. Ten Steps to Personas. **HCI Vistas**, v. 3, jul. 2007.

NIELSEN, J.; MOLICH, R. Heuristic Evaluation of User Interfaces. In: CHI '90: PROCEEDINGS OF THE SIGCHI CONFERENCE ON HUMAN FACTORS IN COMPUTING SYSTEMS. New York: ACM, 1990. p. 249- 256.

OSBORN, A. F. **O poder criador da mente**: princípios e processos do pensamento criador e do Brainstorming. São Paulo: Ibrasa, 1987.

PEIRCE, C. S. **Semiótica**. São Paulo: Perspectiva, 1990.

PEREIRA, H. B. de B. **Análisis experimental de los criterios de evaluación de usabilidad de aplicaciones multimedia en entornos de educación y formación a distancia.** 434 f. Tese (Doutoral em Engenharia Multimídia) – Universitat Politècnica de Catalunya, Barcelona, 2002.

PEREZ, C. **Signos da marca**: expressividade e sensorialidade. São Paulo: Pioneira Thomson Learning, 2004.

PERUCIA, A. S. et al. **Desenvolvimento de jogos eletrônicos**: teoria e prática. São Paulo: Novatec, 2005.

PEVSNER, N. **Origens da arquitetura moderna e do *design*.** São Paulo: M. Fontes, 1981.

PIGNATARI, D. **Informações, linguagem e comunicação**. São Paulo: Cultrix, 1989.

PRUITT, J.; ADLIN, T. The Persona Lifecycle: Keeping People. In: **Mind Throughout Product Design**. Burlington: Morgan Kaufmann, 2006.

QUESENBERY, W. **Personas**: Bringing Users Alive. 2003. Disponível em: <https://www.wqusability.com/handouts/personas-overview.pdf>. Acesso em: 10 out. 2021.

REVELLA, A. **Buyer Personas**: How to Gain Insight into Your Customer's Expectations, Align Your Marketing Strategies, and Win More Business. New Jersey: John Wiley & Sons; Hoboken, 2015.

ROCHA, H. V. da; BARANAUSKAS, M. C. **Design e avaliação de interfaces humano-computador**. Campinas: Nied, 2003.

RODRIGUEZ, M. C. P. **Marketing & semiótica**: um modelo de análise das expressões da marca. 358 f. Tese (Doutorado em Comunicação) – Pontifícia Universidade Católica de São Paulo, São Paulo, 2001.

ROGERS, Y.; SHARP, H.; PREECE, J. **Design de interação**: além da interação homem-computador. Porto Alegre: Bookman, 2005.

SANTAELLA, L. **Semiótica aplicada**. São Paulo: Pioneira Thompson Learning, 2002.

SANTOS, R. L. G. dos. **Usabilidade de interfaces para sistemas de recuperação de informação na web**: estudo de caso de bibliotecas on-line de universidades federais brasileiras. 347 f. Tese (Doutorado em Artes e Design) – Pontifícia Universidade Católica do Rio de Janeiro, Rio de Janeiro, 2006. Disponível em: <https://www.maxwell.vrac.puc-rio.br/colecao.php?strSecao=resultado&nrSeq=9731@1>. Acesso em: 10 out. 2021.

SMUTNY, P. Mobile Development Tools and Cross-Platform Solutions. In: INTERNATIONAL CARPATHIAN CONTROL CONFERENCE (ICCC), 13., 2012. **Anais...** IEEE Xplore Press, 2012. p. 653-656.

SOUZA, F. P. de. **O conhecimento atual do cérebro é ainda estruturalista**. Laboratório de Biodiversidade e Evolução Molecular, Universidade Federal de Minas Gerais. Disponível em: <http://labs.icb.ufmg.br/lpf/3-5.html>. Acesso em: 10 out. 2021.

STANOEVSKA-SLABEVA, K.; WOZNIAK, T. Opportunities and Threats by Mobile Platforms: The (New) Role of Mobile Network Operators. In: INTERNATIONAL CONFERENCE ON INTELLIGENCE IN NEXT GENERATION NETWORK, 14., 2010, **Anais....** IEEE, 2010.

TEKINBAS, K. S.; ZIMMERMAN, E. **Rules of Play**: Game Design fundamentals. Boston: MIT, 2004.

TESLER, L. G. Networked Computing in the 1990s. **Scientific American**, v. 265, n. 3, p. 86-93, set. 1991.

WROBLEWSKI, L. **Mobile first**. Nova York: A Book Apart, 2011.

YANG, B.; ZHENG, P.; NI, L. M. **Professional Microsoft Smartphone Programming**. Indianapolis: John Wiley & Sons, 2007.

sobre o autor

Leandro da Conceição Cardoso é professor e mestre em Tecnologias da Inteligência e Design Digital pela Pontifícia Universidade Católica de São Paulo (PUC-SP), graduado em Comunicação Social com habilitação em Design Digital. Foi docente no Centro Universitário das Faculdades Metropolitanas Unidas (FMU) nos cursos de Design de Interiores, Artes Visuais e Fotografia; analista de desenvolvimento pedagógico sênior na Laureate EaD; e diretor de arte e criação. É um dos idealizadores da Maratona de Criação na Etec Albert Einstein. Atualmente, é consultor e presta serviços na área de design gráfico e digital e marketing digital. Também é coordenador do Curso Técnico de Design Gráfico no Centro Paula Souza. É conteudista, validador, revisor técnico e desenvolvedor de planos de ensino para graduação e pós-graduação para diversos clientes, como Centro Universitário Internacional Uninter, Universidade Positivo, Laureate EaD, FMU, Anhembi Morumbi, entre outras faculdades e universidades.

*

Os livros direcionados ao campo do design são diagramados com famílias tipográficas históricas. Neste volume foram utilizadas a **Times** – criada em 1931 por Stanley Morrison e Victor Lardent para uso do jornal The Times of London e consagrada por ter sido, por anos, a fonte padrão do Microsoft Word – e a **Roboto** – desenhada pelo americano Christian Robertson sob encomenda da Google e lançada em 2011 no Android 4.0.

Impressão:
Outubro/2021

DESIGN DE APLICATIVOS

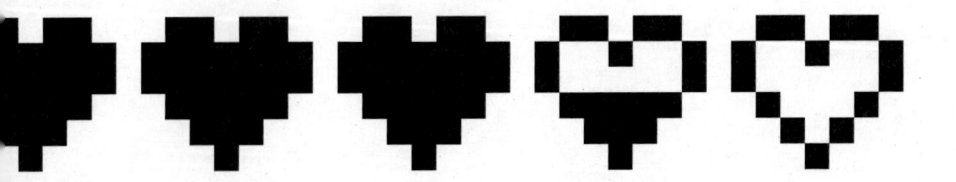

* Os livros dedicados à área de design têm projetos que reproduzem o visual de movimentos históricos. Neste módulo, as aberturas de partes e capítulos com *letterings* e gráficos pixelizados simulam a era dos jogos da década de 1980, que se tornaram febre nos fliperamas e levaram à popularização dos consoles domésticos.